仕事が速くなる!

PDCA手帳術

WORK FASTER!
USE PDCA IN YOUR CALENDAR TO TRACK YOUR PROGRESS.

谷口和信
KAZUNOBU TANIGUCHI

明日香出版社

はじめに

なぜ手帳術の本や雑誌を読んでも身につかないのか?

この本を手にとっていただき、ありがとうございます。
この本を手にとったということは、きっとこれまでにもいろいろな手帳術の本や、雑誌の手帳特集を読んできたものと想像できます。

しかし、また手にとってしまった。

なぜなのでしょう?

もしかすると、あなたは、
「これまでもいろいろな本や雑誌は読んだし、やってはみたけれど長続きしない。ほとんど身についてもいないし、仕事もそれほど早くなっていない」
そう感じているのかもしれませんね。

では、なぜ本や雑誌を読んでも変わらない、変われないのでしょうか?

実は私も、これまでにさまざまな手帳術や仕事術関連の書籍を読んできました。その私が感じているのは、これまでに出版された手帳術や仕事術の本には、書き方ややり方は書いてあるけれども、

「なぜ、それをそこに書くのか?」

「書くことでどんな効果があるのか?」

まで書かれた本が少ないということ。


私自身も、今までに本に書かれたやり方だけをマネしてやってみたけれど、効果が実感できなかったことも数多くありました。つき詰めてその原因を考えてみると、そのやり方の目的や効果をつかんでいなかったからです。

私もそうですが、何かを続けられているというのは、それをやることで、**「できた!」**という達成感や満足感を得られることでもあるのです。つまり、それをやることで、**自分がハッピーになれる**ということなのです。

ハッピーになれなければ、ただ面倒なだけだから、続くわけがありません。

また、知りたいことがあって本を読んでいて、こんな経験、ありませんか？

「そろそろ知りたいことに近づいてきた」と思いながら読み進めたけれど、「えっ、そこから先が知りたかったのに、書いてくれていないの？　それでおしまい？」と、不完全燃焼に終わったことです。私は何度もあります。


したがって、この本では、私が不満に思っていたこと、

「なぜ、何のためにそれを手帳に書くのか？」

「どんな効果があるのか？」

「その結果どうなるのか？」

まで、書いていこうと思います。

理由もわからず、ただ、「こうやればいいんだ」とやり方だけを教えられても納得できませんし、納得できなければ、本気でやろうとは思いません。本気でやらなければ効果が出るわけもないですし、効果が出なければ続くはずもありませんからね。

しかし、注意していただきたいこともあります。それは、手帳が上手に使えるようになっても、仕事のスキルが向上するわけではないということです。

手帳術が身についたからといって、文章が速く書けるようになるわけではありません。タイピングのスピードが速くなることも、エクセルの表計算が速くなることもありません。これらのスキルは、他の本を読んだり自分で練習したりして、身につけてください。

これから本書で紹介する手帳術を身につければ、仕事が速くなり、自分の時間が確保できるようになりますので、その時間を使ってスキルアップし、さらなる仕事のスピードアップを図ってください。

●手帳術はビジネススキル

たとえサラリーマンであっても、仕事をしてお金をもらっているのなら、それはプロです。プロとして働くのであれば、**スケジュール管理やタスク管理は基本的なスキル**です。

ただ、会社では教えてくれませんので、自分で学ぶべきだし、自分で工夫すべきです。

プライベートの時間も充実させたいのなら、今より短い時間で、今と同じか、それ以上の結果を出せばいい、つまり、仕事の効率を上げればいいのです。

社会人歴が何年でも、今までやったことがないのなら、**手帳の使い方を工夫することで仕事の効率は簡単に上げることができます。**

ここまで私が言うのには、訳があります。

手帳の使い方を身につける前の私は、月80時間の残業は当たり前、朝7時から夜11時まで職場にいるような毎日を送っていました。終電で帰ることも度々ありましたし、ある年は仕事納め前日の12月27日に徹夜で仕事をしていました。

そんな私ですが、鬱になったことがきっかけにもなり、手帳術や時間管理、仕事術の本を読んで実践し始めたことで、徐々に残業も減っていきました。

そして、本から得た知識を自分が使いやすくて効果が出るようにアレンジしてやり続けた結果、今では、18時以降まで職場に残っていることはほとんどありません。平日の夜でも家族といっしょに夕食をとったり、勉強会やセミナーに参加したり、ときには友人と飲みに行ったりできるようになっています。

この本では、実際に私がやってきた方法であり、私以外にも高速で仕事を処理している多くの人が実践しているさまざまな方法の中でも、いちばん効果が大きい「手帳の使い方」に主眼を置いて紹介します。

この本を参考に、あなたも自分の手帳の使い方を見直して、さらにバージョンアップしてください。

この本は、以下の順序で手帳の使い方を紹介しています。

第1章は、何のために手帳を使うのか、手帳を使う目的をとり上げます。

第2章は、手帳のフォーマットと基本的な使い方、手帳でできることについて、紹介します。

第3章は、ヌケやモレをなくして仕事が速くなるタスク管理と、プロジェクトを整理して管理する仕組みの解説です。

第4章は、手帳を使った基本的なスケジュール管理と、タスク管理の方法を紹介します。

第5章は、手帳を使って計画を立てる方法を書きます。

第6章は、手帳に書いた予定と実際の行動を比較して、改善策を立てる方法です。手帳は予定を管理するだけでなく、振り返りのためのツールとしても使えるのです。

この本では、どういう手帳の使い方をすれば抜けやモレ、ミスや間違いがなくなるのか、仕事の効率が上がるのか、その結果として、成果が出せるようになるのか、その具体的な方法を紹介しています。

それらがみなさんの参考になり、仕事の進め方の改善につながることを願っています。

そのためにも、あなたが解決したい問題を念頭に置きながら読んでみてください。きっと解決策が見つかるはずです。

谷口 和信

仕事が速くなる！　PDCA手帳術　〜もくじ

第2章 手帳の基本

第3章

仕事が速くなるタスク管理術

第4章

仕事が速い人の手帳の使い方【基礎編】

第5章

仕事が速い人の計画の立て方

第6章 仕事が速い人の改善方法

カバーデザイン：金澤 浩二
本文イラスト：パント大吉

第１章

何のために手帳を使うのか？

01 何のために手帳を使うのか？

何のために手帳を使うのか、あなたは考えたことがありますか？

多くの人が最初に思い浮かべるのは**「予定を管理するため」**でしょう。しかし、これからいろいろな使い方を紹介するように、手帳に書くことは、予定以外にもたくさんあります。

さらに踏み込んで、なぜそれを書くのか、書くことでどんな効果が得られるのか、まで考えたことがありますか？

詳しい説明は次章以降に譲りますが、私は「自分の思い通りの1日を過ごすため」そして、それを積み重ねた結果として「欲しい未来を手に入れるため」、つまり**「幸せになるため」**に書いています。

●過去の自分の手帳を振り返ってみて

しかし、今でこそ、このような手帳の使い方の本まで書けるようになった私ですが、実は5、6年前までは手帳に書いていたのは、打ち合わせや会議、飲み会の予定だけ。

その他は、やるべきことや自分の作業予定、もちろんやった結果も何も書いていませんでした。

毎朝、会社に着いてから、

「さて、今日は何をしようかな？」

という感じで仕事を始めていたような気がします。

つまり、人との約束以外は何の予定も立てずに行き当たりばったりな生活をしていたのです。

7年前の私の手帳

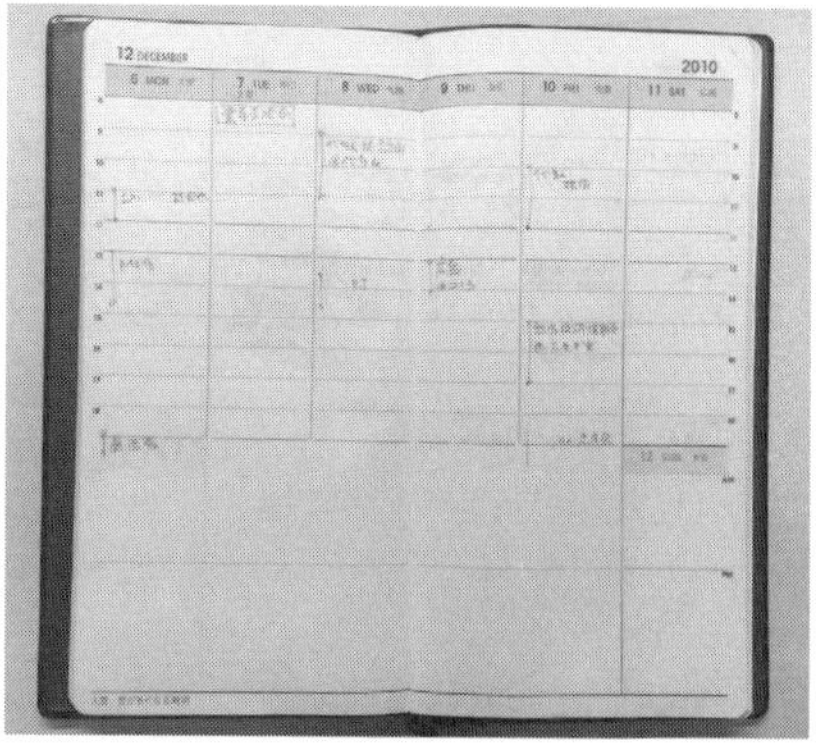

今、この手帳を見ると、
これだけしか書いて
いなかったら、
残業ばかりになるのも
仕方がないなぁ
と思ってしまいます。

そして、その結果得たものは、残業時間が毎月80時間を超える長時間労働とストレス。いつもイライラしていましたし、そのストレスを職場でも家庭でもまわりの人にぶつけていました。

そんなことをしていたら人が寄りつかなくなるのは当たり前ですよね。悪いのは自分なのに、孤独を感じ、最終的には極軽度ではあったものの、鬱になりました。

「もう少ししっかりと時間管理やタスク管理ができていたら、もっと上手に手帳が使えていたら、そんなことにならずに済んだかもしれないのに……」

今、私はこう思っています。

本書を読んでいるあなたには、以前の私のようになって欲しくありません。

「どうして私が手帳術の本を書けるほどまで変われたのか？」

この本では、その方法をすべて公開します。本書に書いたことの中から、すぐにできることを、ひとつでもふたつでもとり入れて、日常生活の質を上げてもらいたいと思っています。

02 どんな手帳にしたいのか、コンセプトを決める

手帳を使い始める前に、「手帳で何をしたいのか？」「どんな手帳にしたいのか？」コンセプトを決めましょう。

以前の私は会社から支給された小型の手帳を使っていました。

そのときは、他人とのアポしか書いていなかったので、それで十分でしたが、あることがきっかけで、Ａ５スリムタイプの手帳に切り替えたのです。

しかし、そんなに大きな手帳を使っているのに、今までと同じ他人とのアポしか書かなかったら余白ばかりでスカスカで寂しいし、スペースがもったいない、もっといろいろなことを書きたい、と思ったのです。

そこで、**「あとで読み返したくなる手帳にする」**というコンセプトを決めました。

そのとき使い始めたのは、レフトタイプの手帳です。メモページが１日４行分あったので、まずは、毎日４行日記を書くことから始めました。

毎日、手帳に書くことが習慣になったのは、そのときからですね。

そのあとは、スケジュールページも予定しか書いていないと余白がたっぷりあるので、予定の下に、その日のやることを書くようになり、さらには、実際にやった結果も書くようになりました。

こうやって書くことを追加していけたのも「あとで読み返したくなる手帳にする」というコンセプトを決めていたからだと思います。

また、「私以外の人もコンセプトを持っているのだろうか?」と思いましたので、手帳好きの仲間が集まるコミュニティで聞いてみたところ、
・どこを開いても楽しく役に立つ手帳にする
・自分のモチベーションアップのためのツール
・充実した時間、ストレスのない日々を実現するためのツール
・自分を客観視するためのツール
・自分の人生をカスタマイズするツール
などの意見がありました。

やはり上手に手帳を使っている人は、その人なりのコンセプトを持っているんだな、と思いました。そのなかでも「楽しみながら書く」という人が多かったです。

あなたはどんな手帳にしたいですか？

コンセプトが明確になっていると、楽しく続けることができるようになりますので、ぜひ考えてみてください。

●手帳に名前をつけてみる

コンセプトが決まったら、手帳に名前をつけるのもいいでしょう。

私は、**手帳は自分の1日の行動を案内してくれるもの**、車におけるカーナビゲーションシステムみたいなものだと考えています。そこから着想して、あるメーカーのカーナビの名前をとって「ゴリラ」という名前をつけた年もありました（笑）。

他にも、悩みや愚痴、感情的になったことを書き出して整理するための手帳には、「先生」という名前をつけたこともあります。

自分が手帳に与えたい役割を考えながら、名前をつけてみてください。名前をつけると愛着が沸いてきて、読み書きするのも楽しくなりますので、オススメですよ。

03 手帳でできることとメリット・デメリット

●手帳でできること

多くのビジネスパーソンが手帳を使っています。

私は、これまでにいろいろな手帳術の書籍や雑誌を読んできたこともあり、他人の手帳の使い方が気になります。仕事中にチラチラと人の手帳を覗き見することもありますし、手帳術の勉強会に参加した方の手帳を見せてもらう機会も少なくありません。

しかし、**仕事が速くなる、仕事の効率を上げるために手帳の使い方を工夫している**のは、ごく一部の人だけ。ほとんどの人が以前の私と同じように、「他人との約束しか書いていないんだなあ」と感じています。

たしかに、私は学生時代も社会人になってからも、誰かに手帳の使い方を教えてもらったことはありません。

おそらく、ほとんどの方が教えてもらった経験なんて、ないのではないでしょうか？

そのため、手帳をスケジュール管理、それも他人との約束を管理するだけのツールとしてしか、使えていないのが現実だと思います。

もちろん、手帳のいちばん重要な機能はスケジュール管理です。

しかし、手帳にはそれ以外にも、やりたいことや、やらなければならないこと(※)の管理、(体重や体脂肪率、歩数や運動の記録などの)健康管理など、下の図のように、さまざまな機能を持たせることができます。

それにもかかわらず、これらの機能を使えていないのは、非常にもったいないと思います。

手帳でできること

基本的なスケジュール管理	お金の管理
他の人のスケジュール管理	読書や映画のメモ
タスクや TODO の管理	子供の成長記録
業務日誌	家族や友達の誕生日・記念日・連絡先
健康管理・ダイエット	銀行やカード紛失時の連絡先
ライフログや日記	落としたときのための自分の連絡先
夢や目標の管理	パスワードのヒント
やりたいことリスト	議事録
アイデア発想	・・・・・・・・・・・

※これを「タスク」と呼びます。厳密には「TODO」と「タスク」は少し違うのですが、簡単にするために本書ではこれ以降、どちらも「タスク」と呼ぶことにします

●手帳のメリット・デメリット

こんなにたくさんの機能がある手帳ですから、上手に使えるようになると、**仕事の抜けやモレがなくなり、ミスや間違いも激減します。効率がよくなり、仕事もスムーズに進むようになります。自由に使える時間も生まれます。**

仕事で結果を出せるようになるし、仕事が終わるたびに成長できます。

怒ったりイライラすることがあっても、すぐに気持ちを切り替えられ、精神的に安定しますので、**家族や友人、職場の人とのいい人間関係が築けます。**

目標が達成でき、人生がワクワク楽しめるようになるし、未来を設計しやすくなります。

こんなにメリットが多い手帳です。もっと上手に使えるようになりたいと思いませんか？

もちろん、手帳にも、書く時間がかかる、書くのが面倒くさい、アラーム機能がないので、見なければ気づかないなどのデメリットもあることも覚えておいてください。

しかし、これらのデメリットを補って余りあるだけのメリットがありますので、あなたもぜひ手帳を上手に使えるようになってください。

手帳のメリット・デメリット

◆メリット

・抜け・モレがなくなる
・ミスや間違いが激減する
・効率がよくなる
・仕事がスムーズに進む
・成果が出る
・無駄な行動がなくなる
・時間が生まれる
・いい人間関係が築ける
・優先順位が決められる
・目標が達成できる
・習慣が続きやすくなる
・人生がワクワク楽しめる

◆デメリット

・書く時間が必要
・見返すのが面倒
・アラームがない

04 手帳やメモ・ノートは忘れるために使う

私はどちらかというとメモ魔で、思いついたことはすぐにメモするほうですが、あなたはどうですか？

すぐにメモするほうですか、それとも、「これくらいなら大丈夫」と記憶に頼るほうですか？

唐突な問いかけに驚いたかもしれません。ここでは、手帳をつける前になぜ記録を残すのがいいのか、確認していきましょう。

たとえば、奥さんやお母さんに買い物を頼まれたとします。

「ダイコン、ニンジン、タマネギ、キャベツ、ピーマン、それから牛乳を買ってきて」と。

そのとき、記憶に頼ろうとすると、スーパーに着くまでずっと

「ダイコン、ニンジン、タマネギ、キャベツ、ピーマン、牛乳。

ダイコン、ニンジン、タマネギ、キャベツ、ピーマン、牛乳。

ダイコン、ニンジン、タマネギ、キャベツ、ピーマン、牛乳。……」

と、頭の中で繰り返し思い出していないと、忘れてしまいますよね。

そのまま、無事にスーパーに着いて買い物ができればいいのですが、途中で友人と会って話し込んだり、あるいは、自転車が飛び出してきて、

「あっ！」

と思った瞬間、頼まれたものを忘れてしまった経験、ないでしょうか？


「忘れてしまったら、電話をかけてもう一度確認すればいい」

そんな考え方もありますが、でも、相手が電話に出られない状況だったら、何を頼まれたのかを聞き返せない状況だったらどうしますか？

「たしか、これとこれとこれだったはず」

といって、思い出せた（と思う）ものだけ買って帰りますか？

もし、それが違っていたらどうするのですか？

もう一度買いに行くのですか？

そんなことにならないようにするのがメモです。

メモは、どこに書いたのかさえ覚えていれば、あなたに代わって覚えていてくれるのです。

ここでは買い物を例に挙げましたが、仕事も同じです。

記憶に頼るということは、頭の中で何度も**「繰り返し思い出す作業」**をせざるを得ないのです。そんなことをしていては目の前のことに集中できません。

パソコンだって、ワードとエクセルを同時に立ち上げて作業をしていると、パフォーマンスは落ちます。

もちろん、人の脳もこれと同じです。複数のことを同時にやろうとしても、集中しきれずにパフォーマンスが落ちてしまうのです。

目の前のことに集中するためにやることは、それ以外のことは書き出して忘れることです。

学生のときは覚えるためにノートを使いましたが、社会人は積極的に**「忘れる」**た

めに、手帳やメモ、ノートを使うのです。そうすることで、脳は身軽になり、高いパフォーマンスが発揮できるようになります。

社会人に求められるのは結果を出すことです。結果を出すためなら、手帳やメモ・ノートを見ても、インターネットで検索しても、知っている人に聞いてもいいのです。学生は怒られますが、社会人はいくらカンニングしても怒られることはありません。それよりも、記憶に頼って間違えることのほうが問題です。だから些細なことでもメモすることを習慣にしてください。

メモするためには、ペンとメモ帳は必需品です。

私はシャツのポケットやカバンのすぐとり出せるところにペンとメモ帳を入れています。あなたもいつでもすぐに使えるようにしておいてください。

「記憶力」を高めるのは限界がありますが、**「記録力」**はすぐに高めることができます。面倒くさがらず「これくらい大丈夫だろう」と思われるような些細なこともメモして忘れる、記憶より記録に頼る習慣を身につけましょう。

05 頭の中だけで考えない

岡田斗司夫さんは、その著書『あなたを天才にするスマートノート』（文藝春秋）の中で、ノートをとらずに悩むということは、悩みをジャグリングのように空中で回しているのと同じこと、「頭の中でジャグリングしている」と呼んでいますが、これは悩みに限ったことではなく、仕事やタスクも同じです。

「あれもこれもある、あっちにもこっちにも……」

こんなふうに頭の中だけで考えているのは、もしかすると、やらなければいけないことをジャグリングのようにグルグル回しているだけかもしれません。

「どうすればこの状態から抜け出せるのか？」

それは、**頭の中にあることをすべて書き出す**ことです。

「やることがたくさんあり過ぎて何から手をつけたらいいのかわからない」

この状態をモノを整理する場合にたとえてみましょう。
あなたは、ある部屋に連れてこられて、「この部屋を片づけてくれ」と言われました。
その部屋は真っ暗で、どこに何があるのか、どのくらいあるのかも見えません。

さて、あなたは最初に何をやりますか？
真っ暗な中を手探りで歩き回りますか？
そうではなく、まずは灯りをつけますよね？
そして、どこに、何が、どれくらいあるのかを確認するはずです。

やらなければいけない（と思っている）ことに対しても同じことをするのです。
つまり、頭の中にある、やらなければいけない（と思っている）ことをすべて紙に書き出して、目の前にさらすのです。

人が不安になるのは、真っ暗で何があるのかが見えていないから。
それは、モノもコトも同じです。

目の前に何があるのか、灯りをつけて見えると不安は消えます。

それが書き出すということです。

もしかすると、「えーー、こんなにあるのかぁ……」と思うかもしれませんが、もっとたくさんあると思っていたのに、「こんなものなんだ」という場合がほとんどです。


やることがたくさんありすぎて、どこから手をつけたらいいのかわからない。

そんな状態になってしまったときには、まず、頭の中にあることを手帳やノートにすべて書き出しましょう。

それだけで、かなり安心できます。

第2章
手帳の基本

01

手帳のフォーマットとその特徴

手帳の予定欄には、見開きで1年分が見られるものから、1日1ページまで、さまざまなフォーマットがあります。

すでにご存じかもしれませんが、ここで少しだけ、よく使われている手帳のフォーマットと、その基本的な使い方をご紹介します。

できるだけ楽しく手帳をつけられるようにするのが続けるためのポイントです。もし、「やってみたいもの」がありましたら、とり入れてみてください。

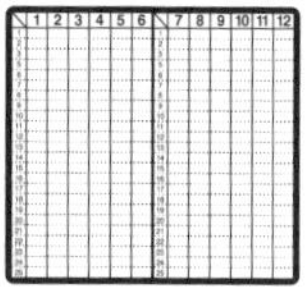

◆イヤリー

月や週と合わせて長期間を俯瞰するのに使用。テーマを決めてライフログとして使うこともできる。

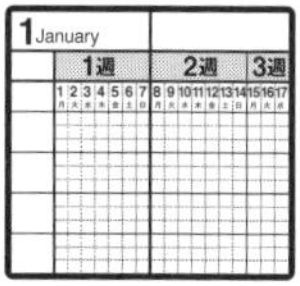

◆マンスリー

（上段：月間ブロック、下段：ガントチャート）

1か月間を俯瞰するのに使用。

1日、1～2件の予定しかない人は、これだけでスケジュール管理できるかもしれない。

時間刻みの予定を書くのには向いていない。

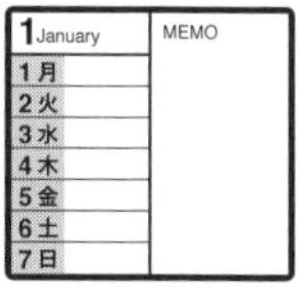

◆ウィークリー

（上段：レフト型、下段：バーチカル型）

時間刻みの予定を書いて管理したい人に便利なフォーマット。

レフト型はメモスペースが広く、予定以外にもタスクや、その他のメモが書けるので便利。

バーチカル型はメモスペースは少ないが、時間管理に重点を置く人には最適なフォーマット。

◆デイリー（1日1ページ）

メモスペースが広いのが最大のメリット。スケジュール管理よりも、日記やノート、ライフログを記録するのに向いている。

●年間スケジュール（イヤリー）

年間スケジュールは、1ページまたは見開き1ページで、1年分の日付と曜日が印刷されていて、1年を一覧できるフォーマットです。

1日当たりのスペースは限られているので1日1項目くらいしか書き込めません。したがって、仕事で使う場合は、あらかじめわかっている**出張や長期休暇**などを書くと便利です。

プライベートでは、**家族や大切な人の誕生日や記念日、子どもの運動会や参観日などの学校行事**を書いておくのも、いいでしょう。

また、予定表としてではなくライフログとして使うこともできます。体重や歩数の記録、その日使ったお金の額、読んだ本のページ数など、これだけのスペースしかありませんが、実は発想次第でいくらでも便利に使うことができるのです。

ただし、スペースは限られているので、欲張らずにひとつかふたつ、年間を通して変化を確認したいことにテーマを絞って、書くようにしてください。

年間スケジュール（イヤリー）

スケジュール用として

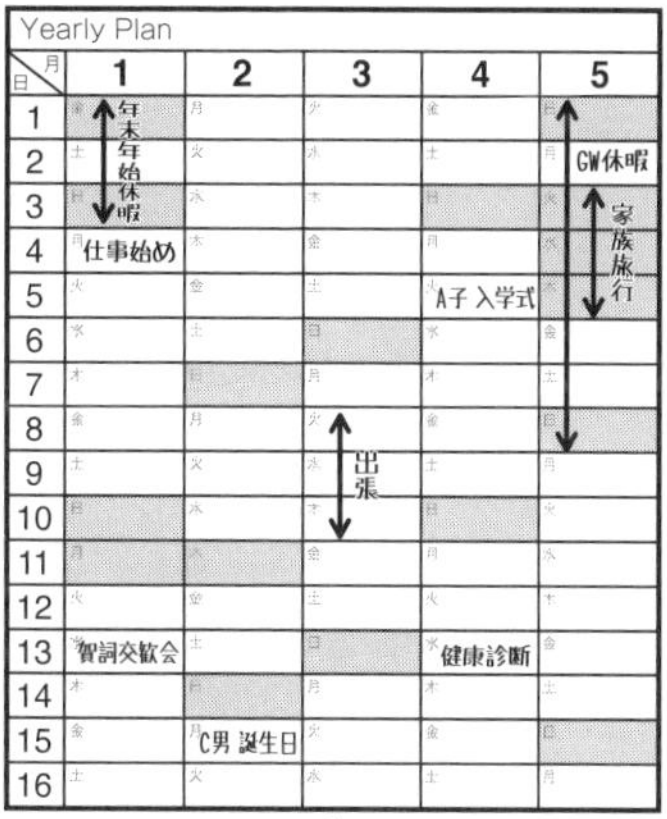

Yearly Plan					
月 / 日	1	2	3	4	5
1	年末年始休暇				↑
2	年末年始休暇				GW休暇
3	年末年始休暇				↑ 家族旅行
4	仕事始め				
5				A子 入学式	
6					
7					
8					↓
9			↑ 出張		
10			↓		
11					
12					
13	賀詞交歓会			健康診断	
14					
15		C男 誕生日			
16					

長期休暇や出張、
家族旅行や誕生日など

その他の使い方

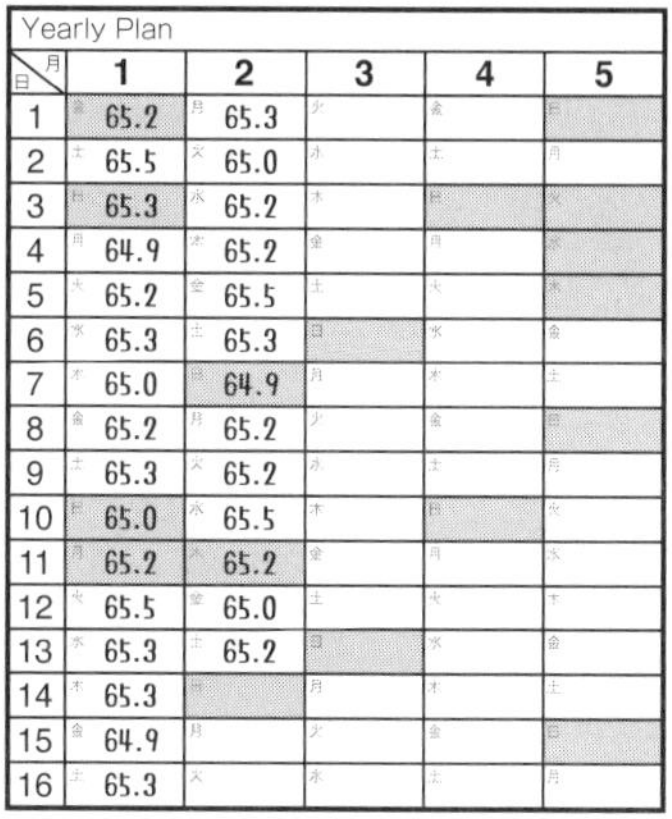

Yearly Plan					
月 / 日	1	2	3	4	5
1	65.2	65.3			
2	65.5	65.0			
3	65.3	65.2			
4	64.9	65.2			
5	65.2	65.5			
6	65.3	65.3			
7	65.0	64.9			
8	65.2	65.2			
9	65.3	65.2			
10	65.0	65.5			
11	65.2	65.2			
12	65.5	65.0			
13	65.3	65.2			
14	65.3				
15	64.9				
16	65.3				

体重や歩数、
読書の記録など

- 月や週と合わせて長期間を俯瞰するのに使用
- あらかじめわかっている出張や長期休暇，家族や大切な人の誕生日や記念日，子どもの運動会や参観日など書くのもいい
- テーマを決めてライフログとして使うこともできる
- 年間計画だけでなく、体重など 1 年を通して毎日記録したいことを記入することも可能

●月間ブロックタイプ（マンスリー）

月間ブロックタイプは、1ページまたは見開き1ページに、1か月分の日付と曜日が印刷されていて、1か月分を一度に見ることができるフォーマットですから、**1か月を俯瞰するのに便利**です。

1日1件か2件しか予定がない人や、すべての予定を自分で決められる人、あるいは時間管理が必要ではない人なら、マンスリーだけで予定を管理することができるかもしれません。

しかし、1日の記入欄がカレンダーのような四角形（ブロック）なので、細かく時間を書くのには不向きです。

どんな人であれ、時間管理をしっかりしたいのなら、ウィークリータイプを使うことをオススメします。

ウィークリーページでスケジュール管理をすれば、このマンスリーページにはタスクを書いたり、簡単な日記を書いたりすることもできます。

マンスリーページの使い方がわからないという方は、スケジュール管理以外の使い方もできますので、試してみてください。

月間ブロックタイプ（マンスリー）

スケジュール用として

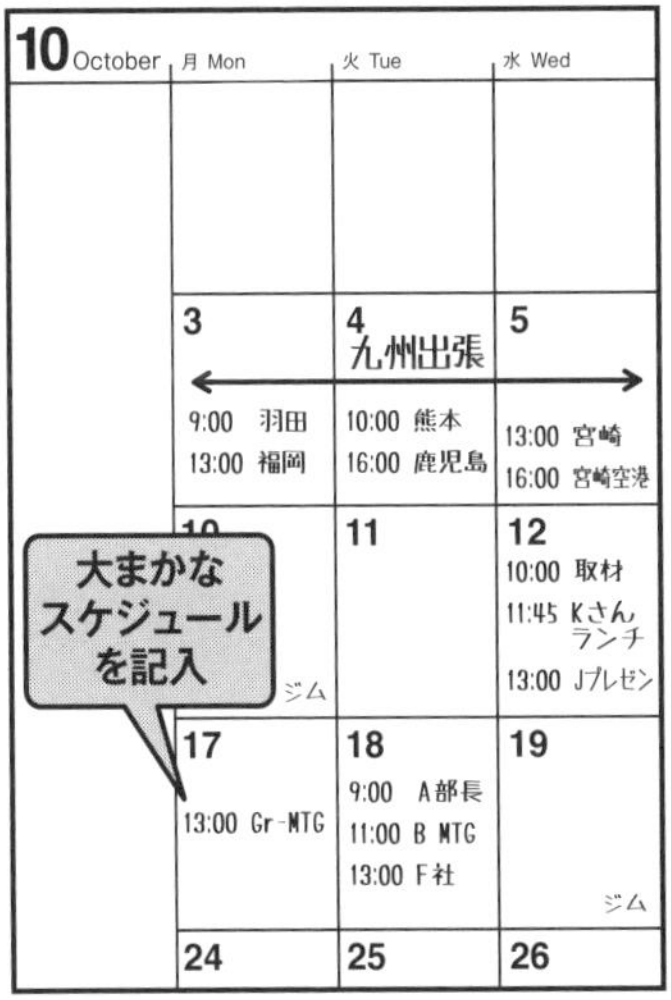

その他の使い方

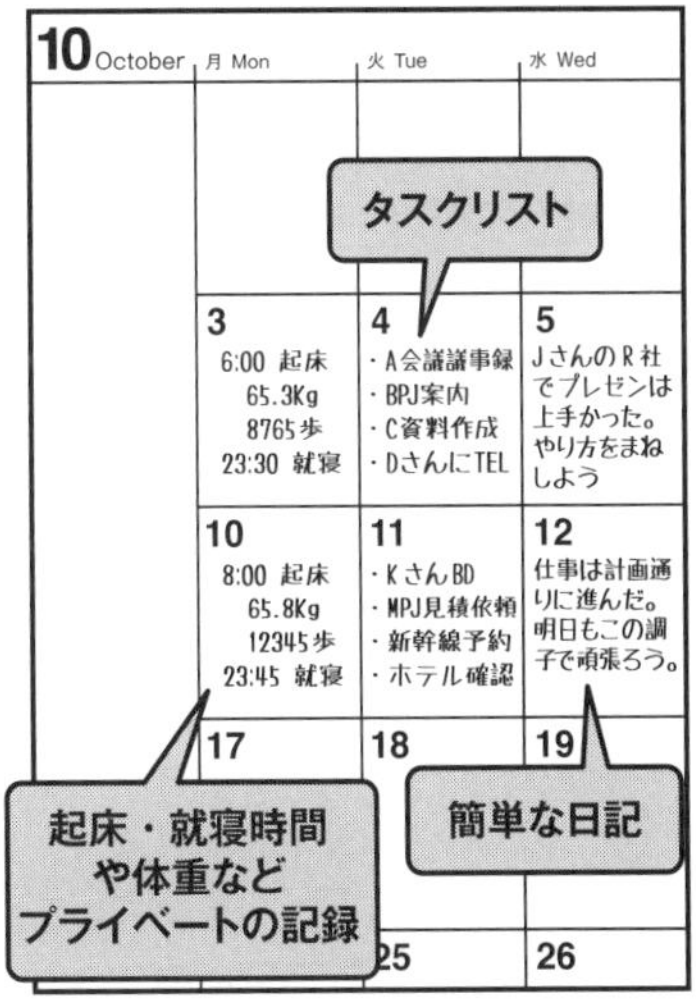

- 1 か月間の流れを管理するのに便利
- 1 日、1 ～ 2 件の予定しかない人のスケジュール管理に使用できる
- 時間刻みの予定を書くのには向いていない
- その日にやることを書いたり、日記代わりに、その日のできごとの記入欄にすることもできる
- 体重やお金の記録用に使うこともできる

●月間横罫線タイプ（マンスリー）

月間横罫線タイプは、表形式で1ページに1か月分の日付と曜日が縦方向に並んでいます。

月間ブロックタイプと同じように、細かく時間を書くのではなく、1日1、2件の予定を書くのに向いています。このフォーマットもその**月の予定を一覧で確認することができ、便利**です。

月間ブロックタイプでは2段になって書きにくい**週をまたぐ予定も、縦に線を引くことでわかりやすく記入することができます。**

このタイプの手帳は、1日分を2分割して午前と午後、あるいは4分割して朝、午前、午後、夜の予定を書くこともできますが、やはり時間管理には向いていません。

スケジュール管理以外の使い方としては、1日分を縦線で分割して横軸に習慣化したい項目を書き、横方向にはできた日には◯、できなかった日には×を書くことで、**習慣化のチェックリスト**として使ったり、体重や歩数、読んだ本やページ数などを記録するスペースにすることもできます。

月間横罫線タイプ

スケジュール用として

10 October	AM	PM
1 土		
2 日		
3 月	九州出張 9:00 羽田	13:00 福岡
4 火	10:00 熊本	16:00 鹿児島
5 水		13:00 宮崎　16:00 宮崎空港
6 木		
7 金		
8 土		
9 日		
10 月		ジム
11 火	10:00 取材　11:45 Kさんランチ	13:00 Jプレゼン
12 水		
13 木		
14 金		
15 土		
16 日		
17 月		13:00 Gr-MTG
18 火	9:00 A部長　11:00 B MTG	13:00 F社　ジム
19 水		

大まかな
スケジュールを記入

その他の使い方

10 October	退社時刻	ブログ更新	読書
1 土		×	○（手帳の秘密）
2 日		○	×
3 月	18:00	○	○（手帳の秘密）
4 火	20:00	×	○（手帳の秘密）
5 水	21:00	×	○（ノートの秘訣）
6 木	18:30	○	○（ノートの秘訣）
7 金	19:00	○	○（ノートの秘訣）
8 土		○	○（ノートの秘訣）
9 日		×	×
10 月		○	×
11 火	18:00	○	○（メモ術）
12 水	19:45	×	○（メモ術）
13 木	17:30	○	○（メモ術）
14 金			
15 土			
16 日			
17 月			
18 火			
19 水			

習慣化のチェックリストや
記録スペースとして使用

- １か月間の流れを管理するのに便利
- １日、１～２件の予定しかない人のスケジュール管理に使用できる
- 週をまたぐ予定もわかりやすく記入できる
- 時間刻みの予定を書くのには向いていない
- 日記代わりに、その日のできごとの記入欄にすることもできる
- 縦線で分割して習慣化のチェックリストにすることもできる
- 体重やお金の記録用に使うこともできる

●ガントチャートタイプ（マンスリー）

横罫線タイプのスケジュール欄を90度回転させたものの中に、「ガントチャート」と呼ばれるフォーマットがあります。これは、横軸に日付、縦軸に項目を書くスペースが配置されています。

これは仕事の工程管理などに使われることも多いので、見たことがある人もいるでしょう。しかし、ガントチャートは仕事に限らず、**個人のタスク管理、工程管理用として使うこともできます。**その場合は、項目欄にはタスクを記入して、それを処理するのに必要な期間を予定欄にバーで記入します。

また、チームで作業をする場合、メンバーの工程管理用に使用します。その場合は、縦軸に担当者の名前、横軸には横線を引いて、その下に作業内容を書きます。

これが基本の使い方ですが、いろいろと工夫することも可能です。縦軸に習慣化したいことを書いて、横軸にはできた日には○、できなかった日には×を書くことで、**習慣化のチェックリストとしても使えます。**また、この表自体をグラフの罫線と見立てて体重などを記録した**折れ線グラフを描くこともできます。**

ガントチャートの使い方は１３８ページでも紹介しますので、参考にしてください。

ガントチャートタイプ

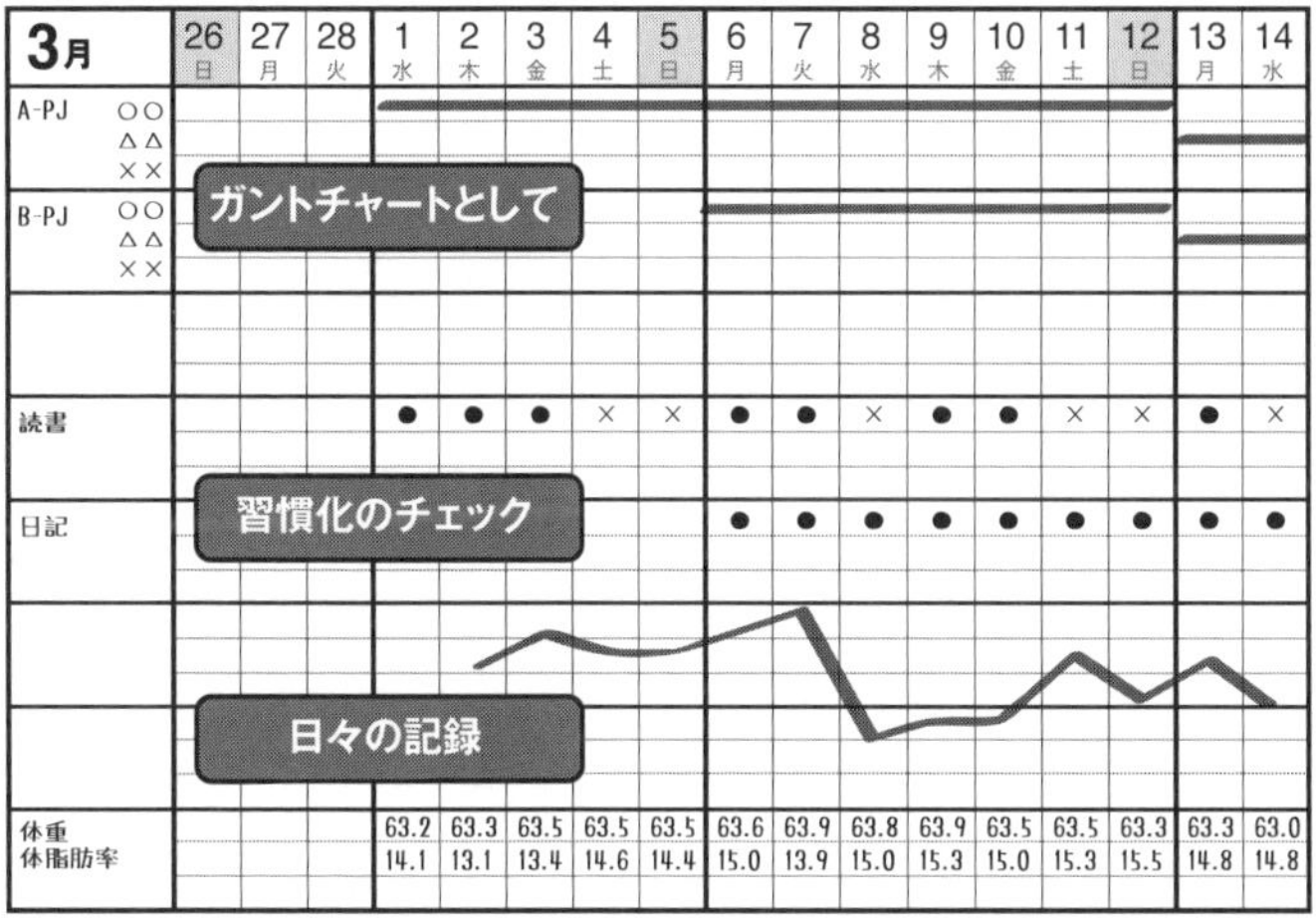

・プロジェクトの進行管理・工程管理に向いている

・１日、１～２件の予定しかない人のスケジュール管理に使用できる

・習慣化のチェックリストとすることもできる

・罫線を軸と見立ててグラフを描くこともできる

●週間レフトタイプ（ウィークリー）

週間レフトタイプは、見開きの左ページが1週間の予定記入欄、右ページがメモ欄になっています。予定記入欄は、横方向に時間軸が、縦方向に日付が並んでいます。

マンスリーは月を俯瞰するのに便利でしたが、ウィークリーは**1週間を俯瞰しつつ、時間もしっかり管理できるフォーマット**です。1日に3つ以上の予定が入る人はマンスリータイプではなく、ウィークリータイプを使うことをオススメします。

私もこのタイプを使っていますが、**1冊の手帳で、計画を立て、行動し、その結果を振り返って翌日以降に活かす、つまりPDCAを回すには最適なフォーマット**です。詳しくは132ページで紹介しますが、ここでは基本的な使い方をご紹介します。

左ページの予定欄には、予定が入っている時間帯に横線を引き、その下に内容を簡潔に書きます。このとき、終了時間が決まっていなくても、予測して記入しましょう。

右ページのメモ欄には、その週のタスクをリストアップしたり、予定に関するメモを書いたりします。

タスクリストだけではスペースが余るとか、他にも書きたいことがある場合は、スペースを分割し、どこに何を書くかを決めておくと記入しやすくなります。

週間レフトタイプ

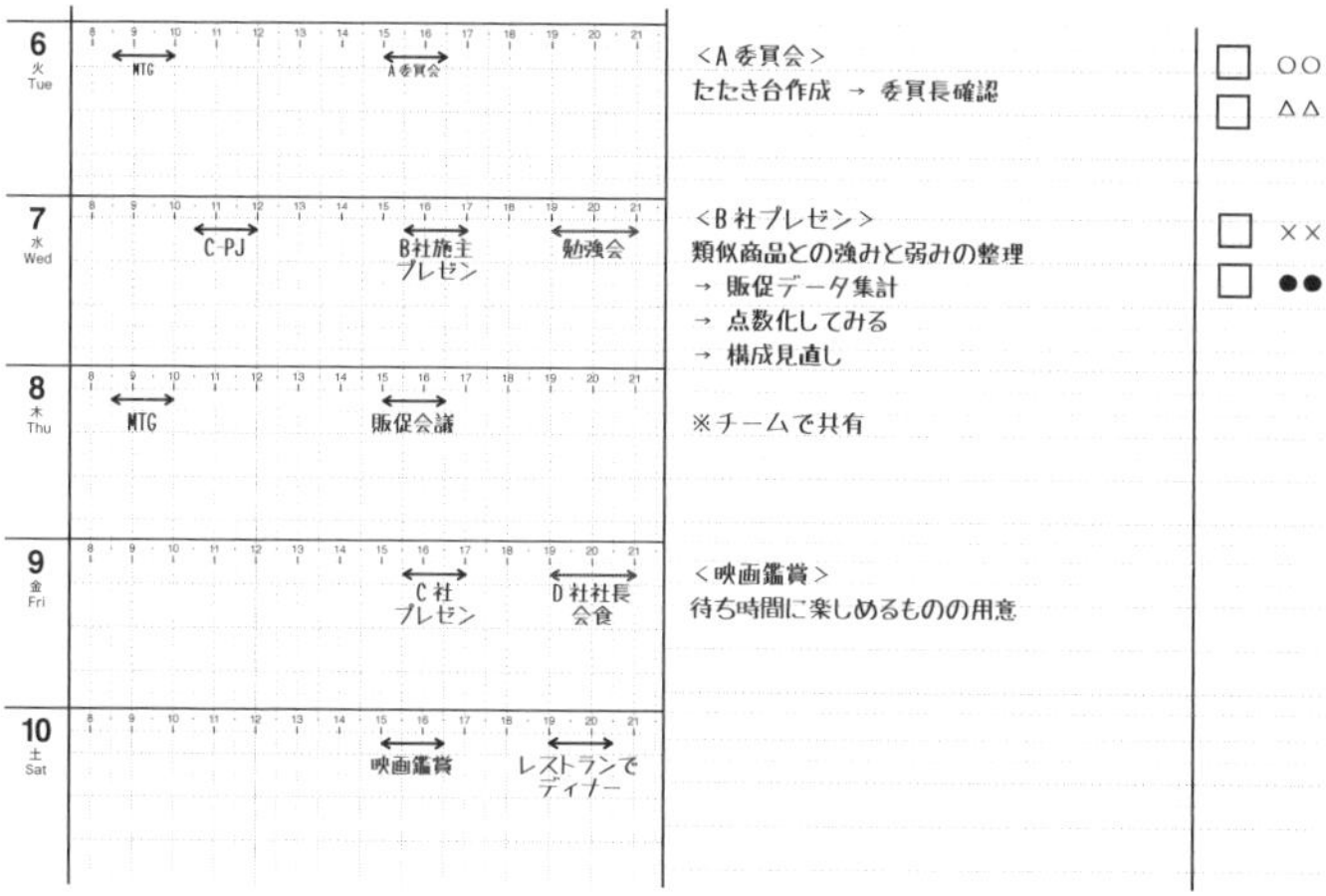

・１冊の手帳でPDCAを回すのに最適なフォーマット

・１週間の流れを管理するのに便利

・１日に３つ以上の予定がある人のスケジュール管理に最適

・予定が入っている時間と入っていない時間がわかる

・右ページのメモ欄にはタスクや予定に関するメモを書く

・メモ欄に簡単な日記を書くこともできる

・予定とメモをバランスよく書きたい人にオススメ

●週間バーチカルタイプ（ウィークリー）

週間バーチカルタイプは、見開きに1週間の予定記入欄が並んでいて、横方向に日付、縦方向に時間軸が書かれています。週間レフトタイプよりも予定の記入欄が広いので、書ける時間帯も長いものが多く、24時間記録できるタイプもあります。

このタイプの最大のメリットは、1週間を俯瞰でき、予定が入っている時間帯と入っていない時間が、ぱっと見てすぐにわかることです。**時間管理に限ると最適なフォーマット**です。

一方で、予定記入欄が広い分、逆にタスクやメモを書くスペースが少ないというデメリットもあります。

これに対応するには、タスクやメモをマンスリーページに書いたり、別冊のノートで管理する必要があります。しかし、私も実際に別冊のノートと併用したこともあるのですが、タスクを確認するためにページをめくったり、メモを書くために他のノートを開くのが面倒で、長続きしませんでした。

もちろん、時間管理が最優先、その他は多少手間がかかっても気にしないという人もいるでしょうから、自分の目的や書き方・使い方に合わせて選んでください。

週間バーチカルタイプ

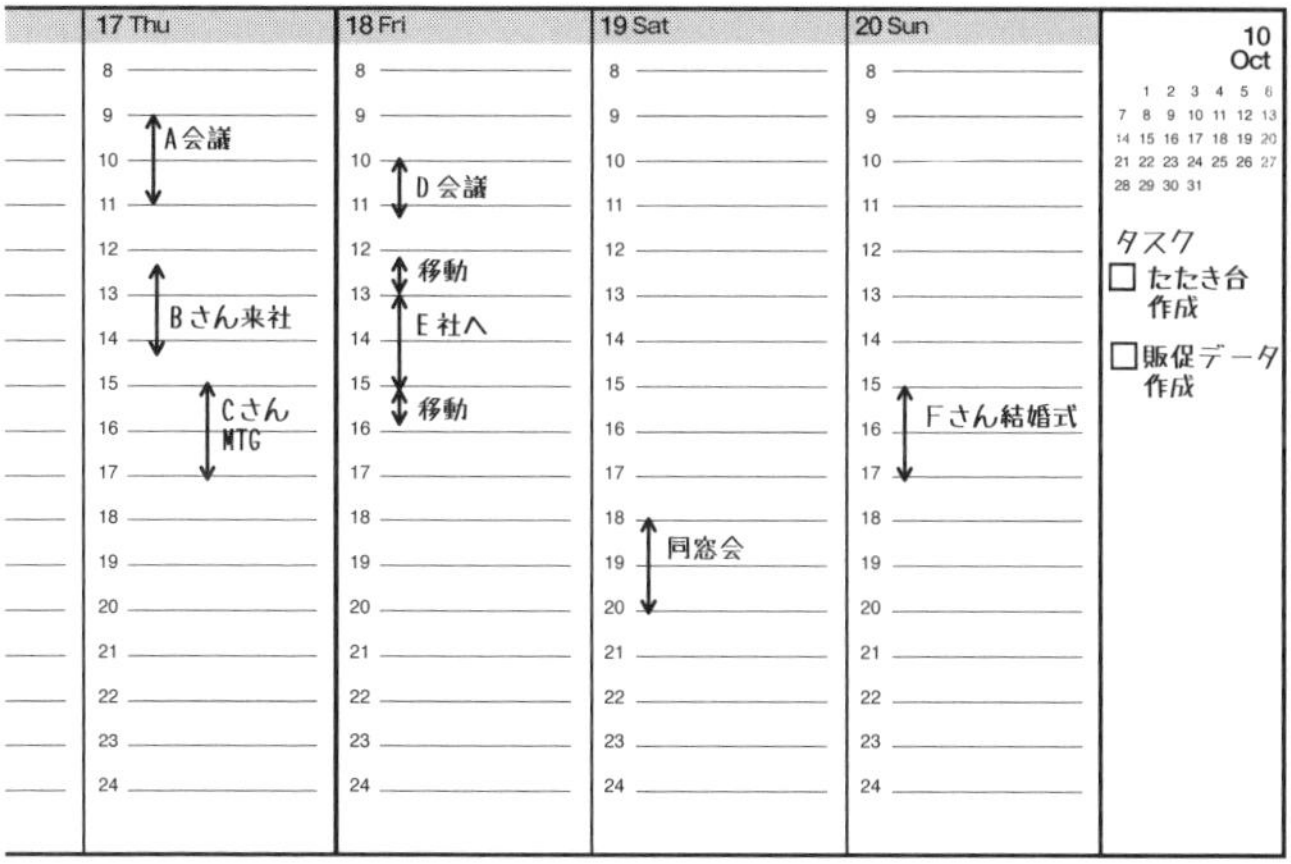

・時間管理に最適なフォーマット

・30分や1時間刻みの細かい時間管理がしやすい

・1日に複数の予定がある人のスケジュール管理に最適

・予定が入っている時間と入っていない時間がわかる

・メモスペースが少ないので、別冊のノートとの併用がオススメ

●1日1ページタイプ

その名前のとおり、1日1ページの記入欄が設けられているタイプです。1日当たりの記入スペースが広いのが、最大のメリットです。

1日の記入エリアが広いので、他のノートは持たずに、これ1冊で済ますこともできます。

1日1ページタイプの手帳では、縦に24時間分の時間軸が記載されたものも多いのですが、限られたスペースを24時間分に分割しているため、1時間分の間隔が狭くなり、30分刻みの予定は書きにくいです。

これに対応するためには、1日分の幅が広いという、この手帳の特徴を利用し、縦線を1本引いて2分割し、左側に30分まで、右側に30分以降の予定を書いたり、もっと細かく4分割して、15分ごとの予定を書いたりすることもできます。

予定を管理する手帳としての使い方に加えて、日記やノートとしても使えます。他にも映画やコンサートのチケット、シール印刷した写真を貼ってライフログとして記録することもできたり、**使い方は自由**です。

しかし、週間、あるいは月間で予定を俯瞰することができないので、ビジネスで使

1日1ページタイプ

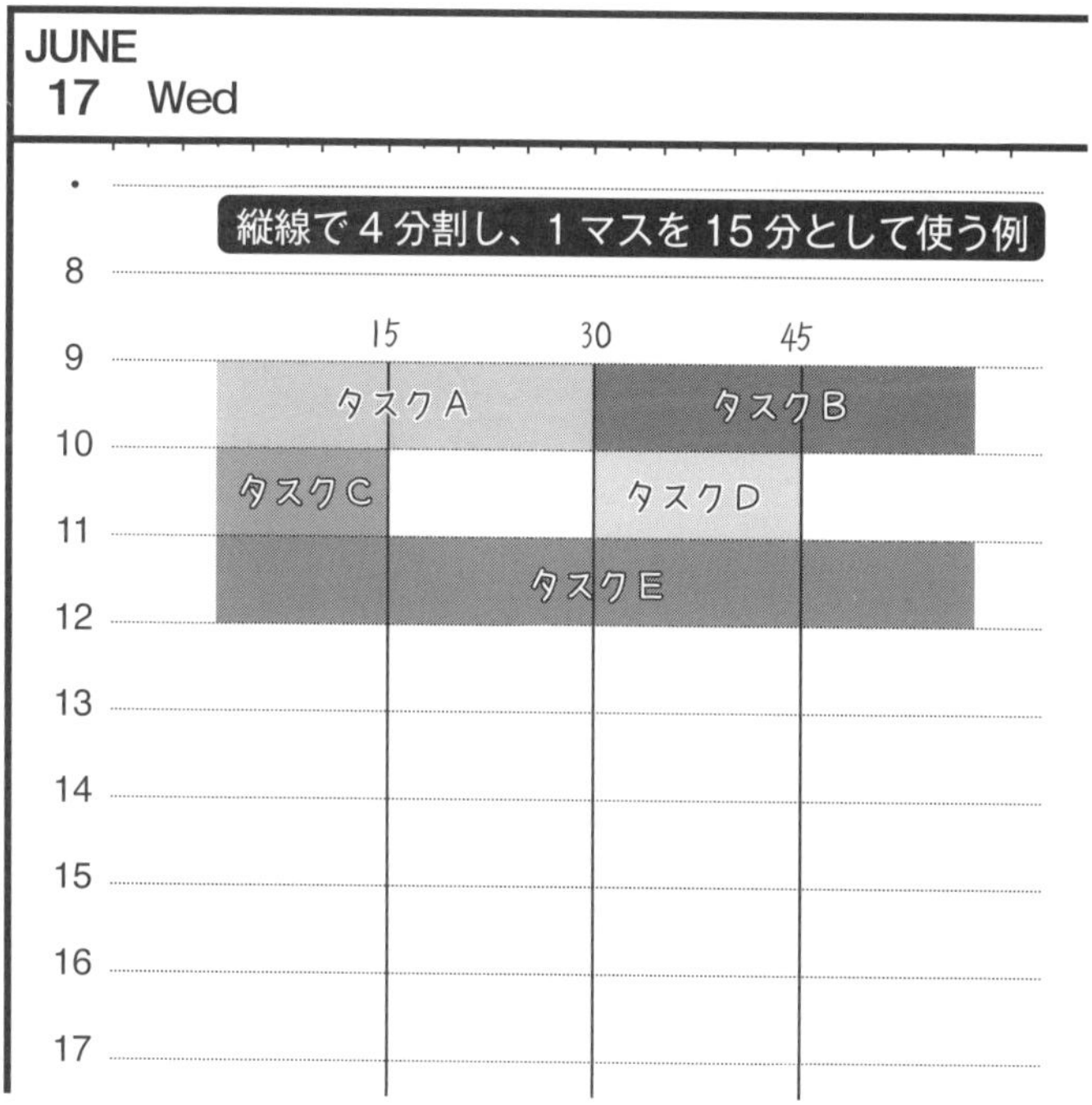

縦線で2分割して30分ごと、
あるいは4分割して15分ごとのスペースとして
記入することもできる。

う上ではデメリットに感じることもあるでしょう。

私もこのタイプの手帳でスケジュール管理をしようとしたことがありますが、会議の場で次回の予定を決める際に空き時間を探すのに手間がかかり過ぎたので、結局、スケジュール管理はウィークリータイプに変更した経験があります。

また、どうしてもページ数が多くなるため、分厚く重たくなります。

したがって、スケジュール帳として常に持ち歩くというよりは、家に置いておいて**日記やライフログ用に使うのがオススメ**です。

02 手帳でできることと基本的な使い方

前項では、現在よく使われている手帳のフォーマットと、基本的な使い方について簡単にご紹介しました。

どのタイプの手帳も、ここで紹介した以外にも、発想しだいでさまざまな使い方ができます。こういう使い方をしなければならない、という決まりはありませんので、これまでの思い込みにとらわれず、豊かな発想で自由に使ってください。

次は、スケジュール管理を含めて、手帳でできることを紹介します。

●スケジュール管理

手帳を使う最大の目的は予定を管理することですから、その基本機能にスケジュール管理があることは言うまでもありません。

しかし、手帳に「予定を書く」というと、会議や打ち合わせ、懇親会、デートなど、他人との約束を書くことをイメージする人が多いようですが、それだけでは十分ではありません。

では、ここで質問です。レフト型やバーチカル型の時間軸が入った手帳を使っている方は、自分の手帳を見てください。他人との予定以外に何が見えますか？

「何も見えない？　空白？」

そうです、他人とのアポ以外に何も書いていないのなら、空いた時間が見えているはずです。しかし、予定が入っていないからといって、何もしないわけではありません。その時間帯にも自分ひとりでできることをするはずです。

実は、スケジュール管理とは、他人とのアポが入っていない時間帯に何をするのかを決めて、実際に行動することなのです。

言い換えれば、**他人とのアポを記入したあとの空白の時間帯を、いかに有効に活用して効率化を図るか**、これが手帳でスケジュール管理するときの肝となるのです。

スケジュール欄への詳しい記入方法は、１２２ページで紹介していますが、ここでは、他人とのアポが入っていない空白の時間帯には自分の作業予定、つまり自分とのアポを書くということを覚えておいてください。

スケジュール管理の肝

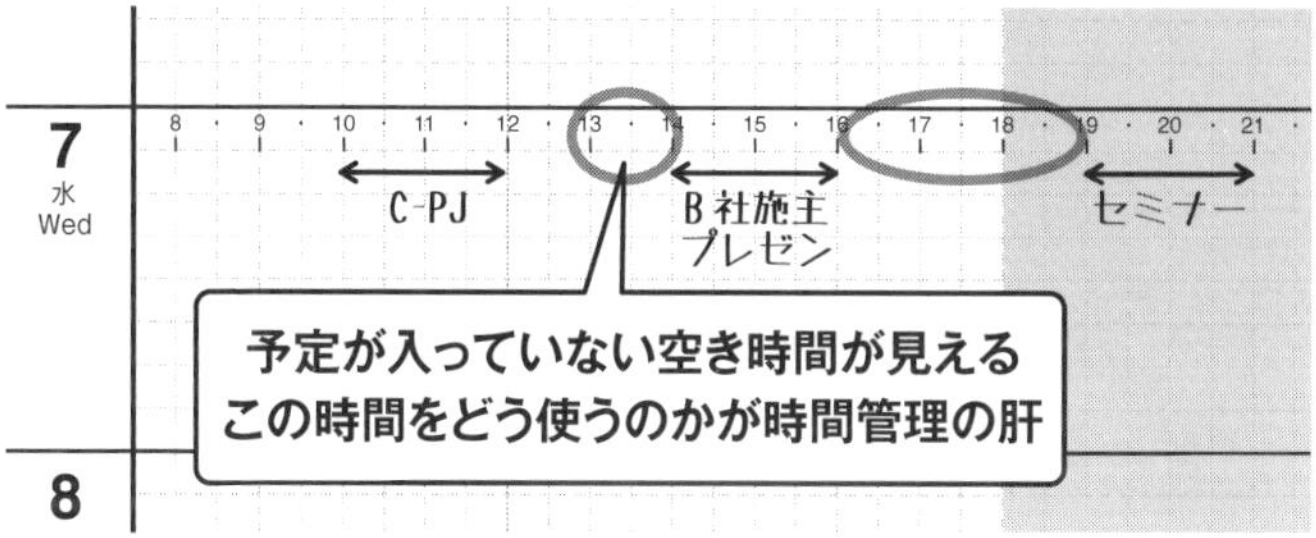
7
水
Wed
8
8 9 10 11 12 13 14 15 16 17 18 19 20 21
C-PJ
B社施主
プレゼン
セミナー
予定が入っていない空き時間が見える
この時間をどう使うのかが時間管理の肝

この空き時間、
プレゼンの
練習をしよう
プレゼン、
うまくいった♪
いま、手が空いて
いるから、
ネットサーフィン♪
プレゼン、
失敗した……

●タスク管理

では、他人とのアポが入っていない時間帯を有効に活用するために、やっておくべきこととは何だと思いますか?

それは、やること、つまりタスクを把握することです。

そして、第1章で書いたように、**タスクは頭の中、記憶にだけ頼るのではなく、目に見える形で書き出すことが重要**です。

また、タスクとスケジュールはセットなので、いっしょに見ることができるようにすることも大事です。

レフト型ならメモページ、バーチカル型ならスケジュールページの余白に、記入することをオススメします。

タスクリストの作り方は114ページで紹介していますが、これも手帳で管理できると、覚えておきましょう。

タスク管理例

週間レフトタイプ

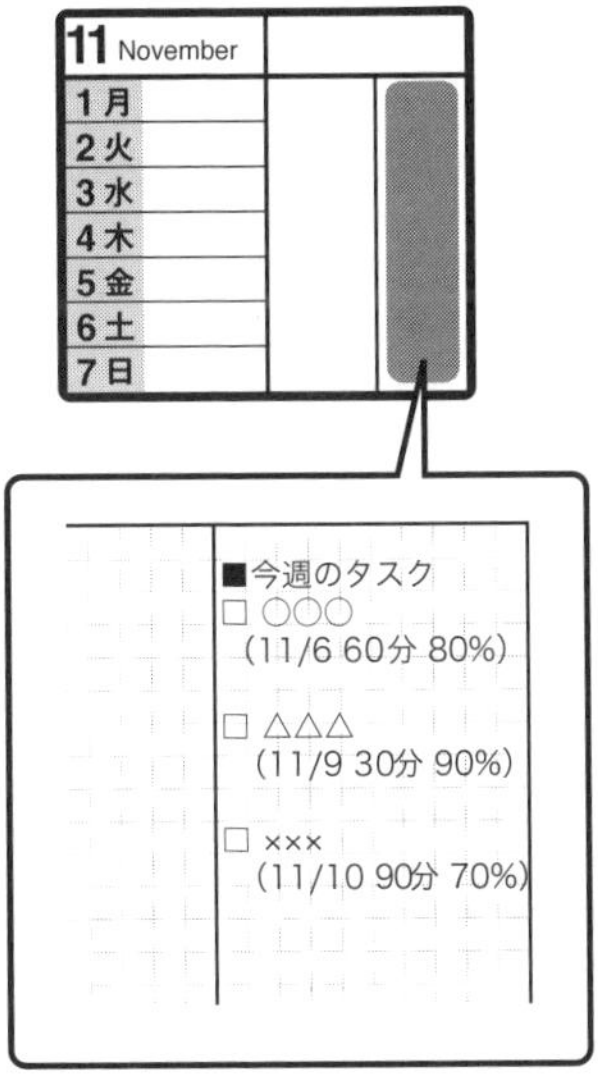

メモページが広い。
週間レフトタイプは、
メモページの一部を
タスク記入欄として使う。

週間バーチカルタイプ

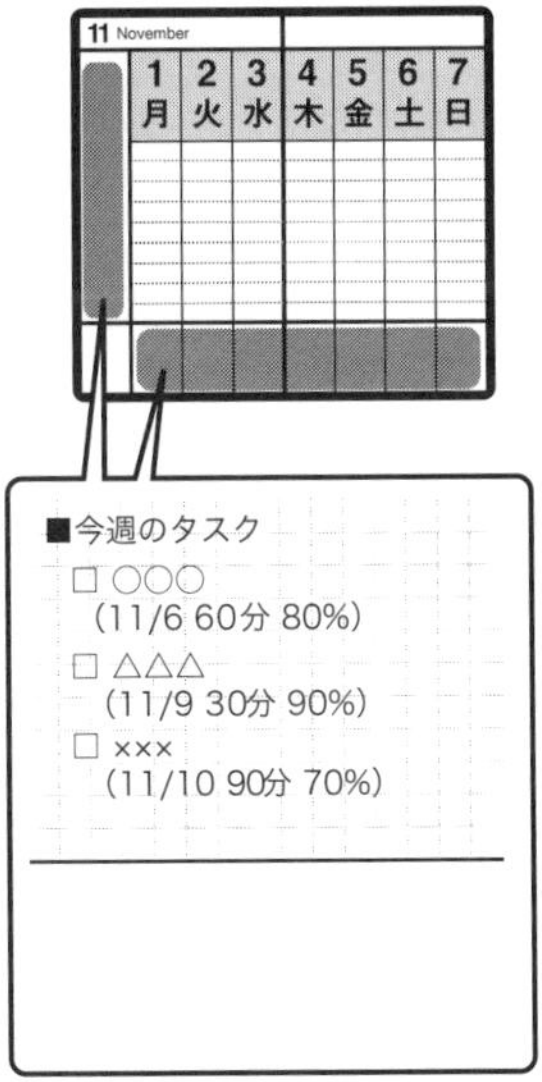

メモスペースが狭い。
週間バーチカルタイプは、
スケジュール記入欄の横や
下の余白スペースを活用し
てタスクを記入する。

●メモ

メモも手帳の基本機能のひとつです。週間レフトタイプや1日1ページタイプなど、メモ欄が広い手帳を使っている場合、**どこに、何を書くのか、が非常に重要**になってきます。

メモする情報は人それぞれですが、仕事のアイデアや改善点、反省点など、思いついたことを忘れないように備忘録として書き出す人は多いでしょう。

他にもミーティングで確認することや会議の参加目的を書き留めておく、外出する前に目的地までのルートを書いておく、経費精算用に電車やバスを使ったときの交通費を書いておくなど、さまざまな用途に使えます。

メモするスペースも、手帳のメモ欄だけでなく、手帳と同サイズのノートを挟んで持ち歩くこともできます。また、付せんを使えば、手帳やノートに貼ったり剥がしたりもできます。

第6章でも紹介しますが、私は手帳のメモページにはその日の課題と結果を書いています。したがって、先ほど紹介したような事柄は付せんやA7サイズのメモ帳に書いたあと、行方不明にならないように日付順にまとめてノートに貼りつけています。

メモの活用

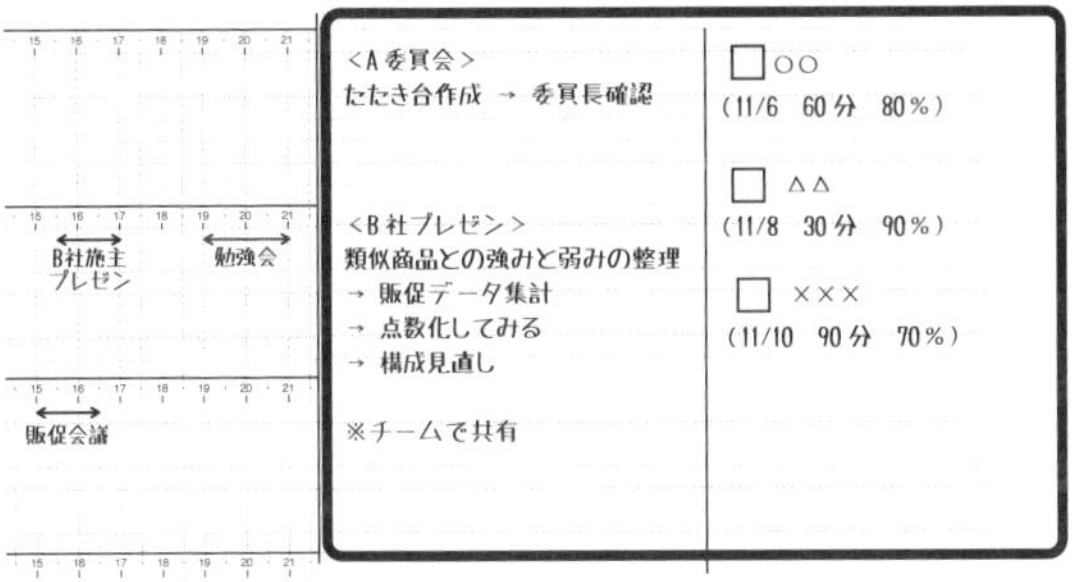

手帳のメモページや余白を活用して
タスクや会議の要点，仕事のアイデアや改善点などを書く。

スケジュールページのメモ欄や手帳についているノートページでは不足するときは、付せんや別冊のメモ帳に書いたり、手帳と同じサイズのノートを挟んで使う。

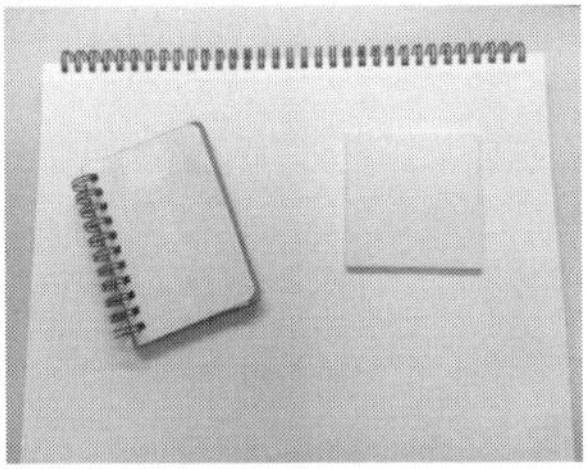

付せんやメモ帳に書いたメモは
行方不明にならないように
ノートに貼りつけて管理する。

●行動した結果（ログ）

ログとは記録です。手帳に書くことというと、予定など未来のことだけだと考えがちです。

しかし、何をしたのか、考えたのか、誰と会ったのか、どんな本を読んだのか、何という映画を観てどう思ったのかなど、過去の出来事だけでなく、感じたことや考えたことを記録として書き残すことも、立派な時間管理になります。

では、どんなことを記録として残すのか？

仕事関連であれば、作業の進捗管理があげられます。

たとえば、ある作業に対して、どのくらい

ログの例

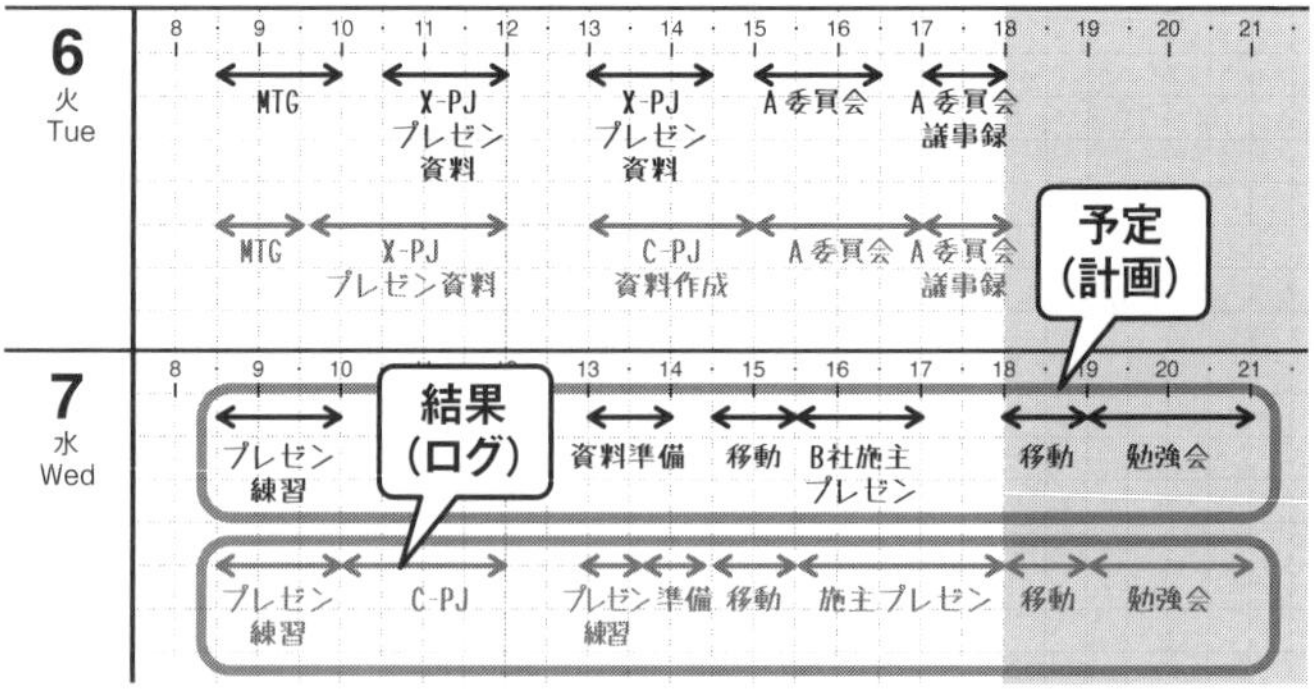

の時間が必要だと思ったのか（計画・予想）、実際にはどれだけかかったのか（結果）、この両方を記録し、比較することで、予定通りにできたのか、できなかったのかが、明確になります。

もしできなかったのなら、なぜできなかったのか、改善方法はあるのかなど、**振り返りをすることで、以降の仕事に活かすことができるようになる**のです。

プライベートでは睡眠時間や食事の時間、食べたもの、歩いた歩数や運動した結果などを書いておけば体調管理や健康管理、ダイエットにも役立ちます。

また、誰と会ったのか、どんな本を読んだのか、映画を観たのかを記録しておけば簡単な日記にもなります。

ここで注意していただきたいのは、ログはとることが目的ではありません。**「書いたことは見返す」**が基本ですから、記録したことは必ず見返して、改善に役立ててください。

記録しておけば役に立つことや、どうやって改善に活かすのか、は第6章で詳しく紹介します。

●夢・目標管理

「夢は書けば叶う」と言われるためでしょうか、手帳に夢や目標を記入するという人も多いです。

私も、100を超える夢や目標をA4用紙に書いて手帳に挟んでいます。さらに、その中でも、どうしても今年中に叶えたい目標は、手帳を開くたびに目に入るように、手帳の見返しに大きめの字で書いています。

夢や目標に、どんなことを書くのかは、人それぞれですが、「仕事」「家庭」「人間関係」「お金」「健康」「趣味・教養」など、テーマを掲げると書きやすいです。

しかし、夢や目標は一度書いただけでは叶いません。何度も読み返して記憶に残すことで、自然と夢が叶うような行動をとるようになるから、結果として叶ってしまうのです。

また、読み返したときに「これは本当に願っていることだろうか？」と疑問に思ったり、目標が高すぎて諦めたくなったときには見直すことも必要です。

だから、**夢や目標は毎日、何度も読み返すことが必要**なのです。そのためにも、いつでもすぐに読めるところに書いておきましょう。

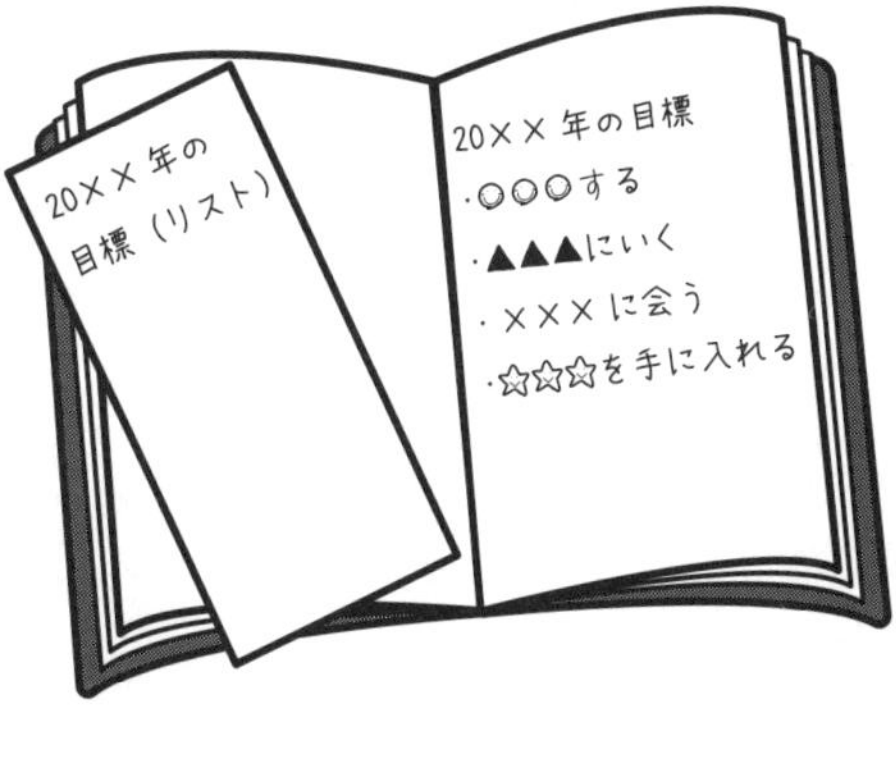

夢や目標は手帳でいちばんよく見るところに書く

●足りないフォーマットは自分で作る

ここまで読んで「使ってみたいフォーマットがあるけど、今使っている手帳にはついていないから……」と諦めそうになっている方がいるかもしれませんね。

しかし、そんなときも手帳を代える必要も、書くことを諦める必要もありません。**使いたいけど付属していないフォーマットは、自分で作ればいい**のです。

紹介したのは、フォーマットといってもほとんどが表形式なので、エクセルなどで簡単に作ることができます。それに、月間のフォーマットはひとつ作れば、あとはコピーして、日付と曜日を変えるだけで出来上がるので、手間もさほどかかりません。

私も、以前使っていた手帳には、月間横罫線のページがついていて、それに縦線を引いて分割し、退社時刻などの記録用のシートとして便利に使っていましたが、現在使っている手帳には、そのフォーマットがないので、自作して使っています。

また、自分で作ったフォーマットは、貼りつけなくても**手帳にはさんで持ち歩くだけでも、十分機能を果たします。**

ここで紹介した以外にも、手帳にはついていないけど、使いたいフォーマットがあれば作ってみてください。**ない物は作る。**これも手帳を使う楽しみのひとつです。

足りないフォーマットは作る

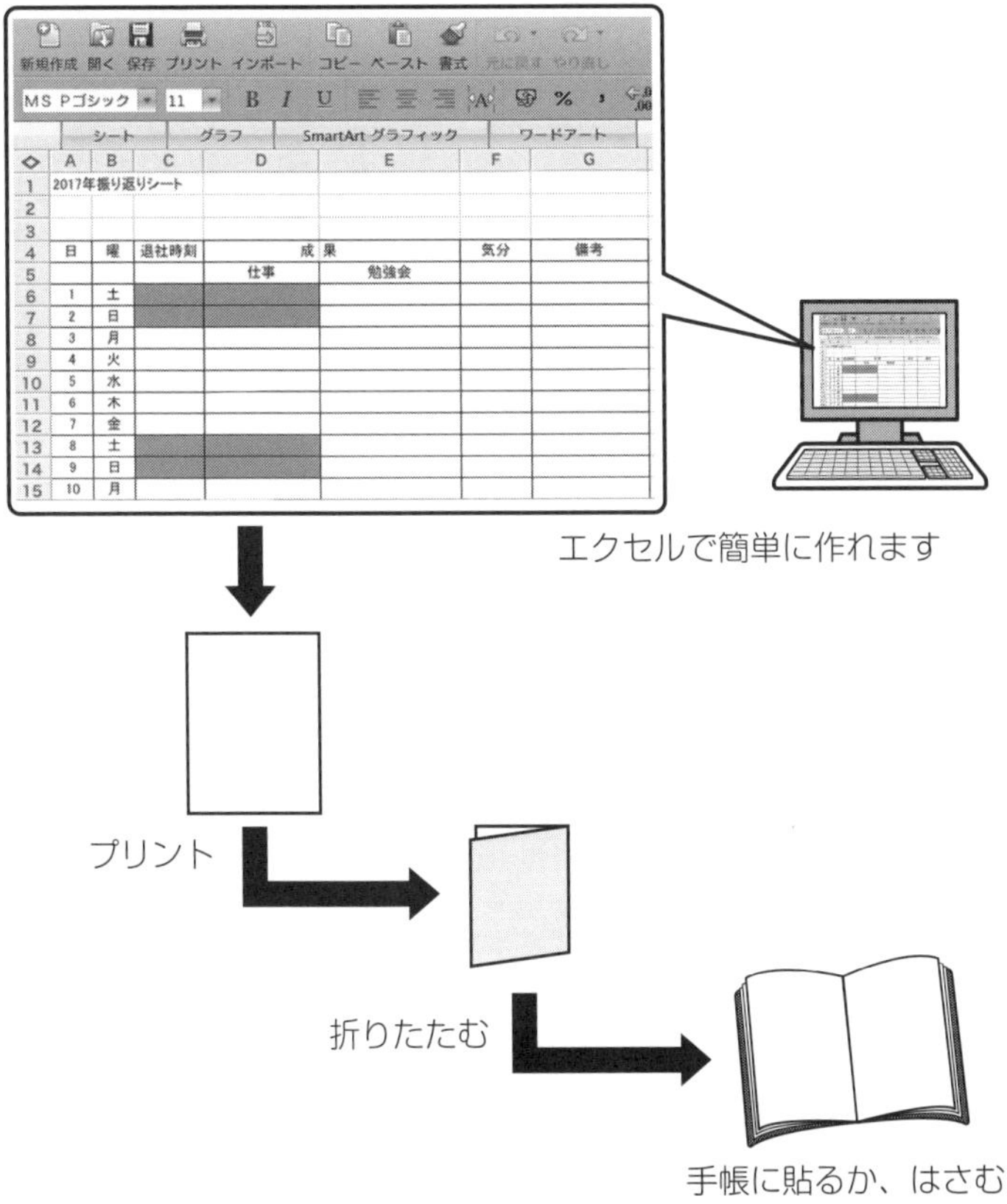

使いたいけど付属していないフォーマットは、自分で作る！

これも手帳を使う楽しみのひとつ。

●書き方のルールを決める

今まで紹介した手帳の機能を使いこなせるようになるには、少しだけ工夫が必要です。

それは、いつ、どこに、何を書くのか、手帳のどの欄にどんな機能を持たせるのか、つまり**「手帳の書き方のルール」を決めること**です。自分で決めたことでも忘れてしまう可能性もありますので、リストにまとめておくことをオススメします。

そして、このリストを印刷して、手帳にはさんだり、扉部分に貼ったりして持ち歩き、習慣になるまで、逐一見ながら書くようにしてください。

ルールの作り方については、私が実際に使っている一覧表を載せておきますので、これを参考に、あなたも作ってみてください。

ただし、ここで注意してほしいのは、いろいろなことを一度に追加しようとしないことです。書くことを増やせば、それにかかる時間も増えます。今でも時間がないのに、最初から無理をしていては続くはずがありません。

1回5分でできることをひとつ追加する。それができるようになり、もっと書きたいと感じるようになったら追加する、というペースで、徐々に増やしましょう。

私の手帳のルール

書くこと	どこに書くのか？	どんなことを書くのか？	いつ書くのか？
毎日			
スケジュール管理	ウィークリーページ	予定と結果	アポは予定が入ったらすぐに書く 仮の予定も書く 結果は作業が終わったらすぐに書く
昨日からの課題と結果	メモページ		毎晩振り返りをするとき
タスクリスト	メモ欄・マンスリーページ	期限・所要時間・完成度も書く	タスクが発生したらすぐに書く その週に完了しなかったことは、週末に翌週ページにコピーする
プラン・プロジェクトの進捗状況	マンスリーページ	チェックポイント・マイルストーン	毎朝確認する
今日の点数（仕事の成果・夢や目標の成果・気分）	ノートページ	点数と簡単なメモ	毎晩振り返りをするとき
毎週			
今週の目標	ウィークリーページの上余白	今週どう過ごしたいか	月曜の朝書く
今週の目標を達成するために何をすればいいか？	ウィークリーページの上余白	これをすれば目標を達成できると思うこと	月曜の朝書く

参考として、私の手帳のルールを載せておきます。

・書くこと（何を書くのか）

・どこに書くか

・どんなことを書くのか

・いつ書くのか

を決めておき、手帳の扉部分に貼っておくと便利！

●手帳に追加するときのおすすめ順

前項で、ひとつできるようになってから次を追加してください、と書きました。

こんなことを書くと、

「じゃあ、どういう順番で追加すればいいの？」

「おすすめの順番はあるの？」

という声が聞こえてきそうなので、ここで紹介します。

まず、最初に書くことは**「予定」**です。

予定といっても、会議やミーティング、懇親会などの他人との約束だけでなく、自分だけの行動予定、作業計画、つまり**自分とのアポ**も書くようにしてください。私はこの、自分の1日の行動計画を立てることを**「時間割を作る」**と呼んでいます（時間割の作り方は167ページでご紹介します）。

それといっしょにやっていただきたいのが、実際に**行動した結果**を書くことです。

本当は、何時から何時まで何をしたのか、数分のことも記録してほしいのですが、最初のうちは、時間割どおりに行動できたのか、できなかったのかを予定と並べて書くだけでも十分です（この書き方も１９０ページでご紹介します）。

その次は、その日にできたこと、**「成果」**を書くことをオススメします。

成果を書き出してみることで「今日はこれだけできたんだ」と、自信につながるからです。

さらに、単にできた項目だけを書くのではなく、「なぜできたのか？」「もっとうまくやる方法はないか？」「本当に自分がやらなければならないことだったのか？」まで書けるようになるといいですね。

するとより一層、ムダな行動を減らすことができるようになります。

成果が書けるようになったら、次は**「できなかったこと」**も書いてみましょう。

ただこの時、「できなかった」というと、ダメだという気持ちになりかねませんので、私は「やらなかったこと」として書いています。内容は同じでも、感じ方はかなり違いますからね。

「できなかった＝ダメだ」と、わざわざ自己イメージを下げる必要はないのです。

そして、このときは、「なぜできなかった・やらなかったのか?」「どうすればできるのか?」まで、必ず書きます。

〝できなかった〟だけで終わってしまうと、負のイメージになってしまいますが、「どうすればできるのか?」を書き出すことで、できなかったことが課題に変わり、「やろう」という前向きな気持ちになれるからです。

その他、簡単に書けて効果が大きいのは**「よかったこと」**や**「自分をほめたくなること」**です。これは、最初のうちは「よかった」のレベルが高すぎて、なかなか出てこないかもしれません。

しかし、毎日続けることでレベルが下がり、いくらでも出てくるようになります。

特に、自分に厳しいと思っている人は、よかったこと、自分を褒めたくなること探しをやってみてください。

これができるようになると、些細なことにも感謝できるようになりますし、他人に優しくなれます。

手帳に追加するときのオススメ順

1	予定	他人とのアポだけでなく、 自分だけの予定も書く。
2	結果	作業が終わるごとに書くのがベスト。
3	よかったこと 自分をほめたくなること	自分に厳しい人には特にオススメ。
4	今日の点数	1～5 点でつける。
5	できたこと・成果	なぜできたか、改善策はないか、人に任せられないか、まで書くとなおよい。
6	できなかったこと	なぜできなかったか、どうすればできるのか、まで書く。
7	前日からの課題と結果 翌日の課題	今日できなかったことが、 明日できるようになる。
8	感情が動いたこと (頭にきたことなど)	事実と考えに分けて書く。 受けとり方が間違っていないかも振り返る。
9	明日必ずやること	書いておくことで忘れずに実行できる。
10	今日やったことで 明日はやめること	成果につながらないムダな行動が減る

第3章

仕事が速くなる
タスク管理術

01 すべての仕事を把握する

「すべての仕事を把握しておきましょう」というと、「なにを当たり前のことを……」と言われそうですが、その当たり前のことがきちんとできていますか？

上司から「あの仕事はどうなってる？」と聞かれて、すっかり忘れていたのに「今やってるところです。もうすぐ終わります」と蕎麦屋の出前のような返事をしたことはありませんか？

私は何度もあります。というよりも、他人とのアポしか手帳に書いていなかったころは、人に催促されてやっと思い出す、そんなこともしばしばありました。今思えば、期限を含めてすべての仕事を頭の中で覚えていられるはずがないのです。

たとえば、本当は1から20までの仕事があるのに、15までしか把握していなかったとしましょう。

あなたとしては、しっかり優先順位をつけて対応していたつもりだったのですが、あるとき上司から「17番はどうなってる？」と聞かれたとします。

実は、自分が把握していた1から15番までよりも、17番のほうが明らかに優先してやるべき仕事だったとしたらどうなるでしょう？

期限まで時間があるのであれば、計画を立て直すことで対応できるかもしれません。

しかし、普通にやっていては期限までに終わりそうになかったら、どうするのでしょう？

仕事の締切は絶対に守らなければなりませんから、徹夜してでも終わらせなければならないかもしれません。

そんなことにならないように、**期限を含めてすべての仕事をしっかりと把握しておく必要がある**のです。

ここから少しだけ、タスクとプロジェクトを管理する方法を書いていきます。

02

GTDでタスクと仕事を整理する

GTDという言葉を聞いたことがありますか?

GTDとはアメリカの生産性向上コンサルタントとして知られるデビッド・アレン氏が発表したタスクとプロジェクトを整理して管理する仕組みです。

GTDは、仕事を入口からコントロールし、しっかりとタスク化する優れた手法ですので、ぜひ身につけておきたいスキルです。

しかし、本書はGTDの解説書ではないので、要点だけを紹介します(※)。

私がGTDメソッドをオススメする理由はふたつあります。

ひとつは、入ってきた仕事に対してどのように行動すればいいのか、その**処理フローが明確になっている**こと。

もうひとつは、処理フローの中に**「やるべきか?」の問いが入っている**ことです。

※もっと詳しく学びたい方は『はじめてのGTD ストレスフリーの整理術』デビット・アレン:著(二見書房)などを読んでみてください。

新しい仕事が入ってきたとき、最初にやるべきことは何でしょうか？タスクリストに書いて優先順位をつけることでしょうか、それとも、いつやるかを決めて予定に入れることでしょうか？

実はその前に、もっと大事な**やるべきこと**があるのです。GTDは、それを含んだフローになっているので、オススメしています。

それではGTDの処理フローを見てみましょう。基本的に次の5ステップで仕事を分類・整理していきます。

ステップ1「行動を起こす必要があるか？」
ステップ2「次のアクションは複数あるか？」
ステップ3「2分以内でできるか？」
ステップ4「自分でやるべきか？」
ステップ5「次にやるか？」

ひとつずつもう少し詳しく見ていきましょう。

ＧＴＤメソッド

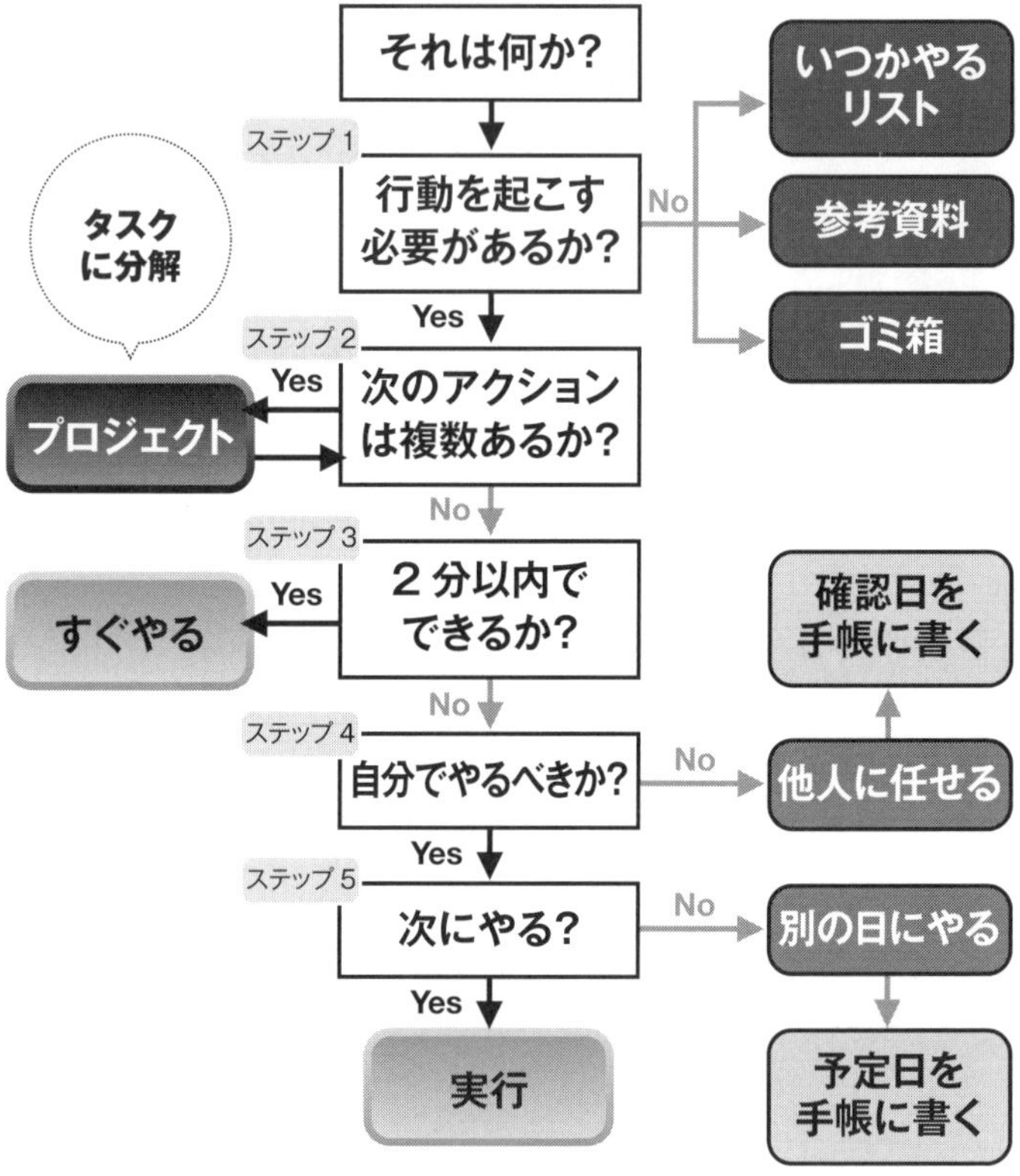
それは何か?
ステップ 1
行動を起こす
必要があるか?
No
いつかやる
リスト
参考資料
ゴミ箱
Yes
ステップ 2
次のアクション
は複数あるか?
Yes
プロジェクト
タスク
に分解
No
ステップ 3
2 分以内で
できるか?
Yes
すぐやる
No
ステップ 4
自分でやるべきか?
No
他人に任せる
確認日を
手帳に書く
Yes
ステップ 5
次にやる?
No
別の日にやる
予定日を
手帳に書く
Yes
実行

ステップ1　行動を起こす必要があるか？

まず最初のステップは「行動を起こす必要があるか？」、つまり**「やるべきか、やらなくてもいいことか？」**を判断することです。

仕事や人から言われたことは、必ずすべてやらなければならない、と誰が決めたのでしょうか？

おそらくあなたも、「こんなことをやってもなぁ……」と思いつつ、「言われたことだから」「今までずっとやってきたことだから」と思い直してやっているのではありませんか？

しかし、そんなことはありません。「すべてやらなくてはならない」というのは、あなたの勝手な思い込みなのです。

いちばんの効率化は「やらない」ことです。ですから、本当にやる必要があることなのかどうかを最初に考えます。

このときには、「ＮＯ」を前提に考えてください。

最初に「No」と言うことで「本当にやる必要があるのか」「もしかしたらやる必要はないんじゃないか?」「もう少し簡単にやってもいいんじゃないか?」と立ち止まって考えることができるからです。

それでもYESだった場合は次のステップに進みますが、NOの「やらなくていい」と判断した場合、このタスクは次の3つのどれかに分類されます。

①ごみ箱行き

「仕事で捨てるものって何?」と思われるかもしれませんが、たとえば、ダイレクトメールやメルマガ、回覧物などは、届いたら必ず読まなければならないものではありません。他には、ccで届いたメール。これも読むだけで、次のアクションをする必要がないと判断したらごみ箱に入れてしまいましょう。

これらはほとんどの人が自然にやっていることだと思いますが、やる必要がない、と判断したタスクに関しては、ここで捨ててしまって終了です。

②「いつかやる」リスト行き

ここに入れるのは、「今すぐやることではないけれど、捨てるのもちょっと……」と迷ってしまうことや、「いつかやるかもしれない、時間ができたらやるだろう」と思うくらいのことです。

もし、いつやるのか具体的な予定を決める必要もないことであれば、「いつかやるリスト」に入れて、このタスクも終わりにしましょう。

ただ、「いつかやる」と思っていても、その「いつか」が来ることはほとんどありません。「やりたい」と思ったとき、すぐにやらないで先延ばしにしてしまうと、興味や関心は薄れてしまうものです。

したがって、この「いつかやることリスト」は定期的に見返して、もう必要がないと判断したものは捨ててしまいましょう。

③ 資料として保管

ここに保管するのは、カタログやマニュアル、ウェブサイトからダウンロードしたデータ類など、今すぐ必要ではないけれど、使うときが来るかもしれないものです。

過去に作った企画書やプレゼン資料など、別のプロジェクトでも活用する機会があるかもしれないものもここに入ります。

しかし、これも定期的に見返して、古くなったり、資料としての価値がなくなったものは捨ててしまいましょう。

●不要なのにやめられないタスクのやめ方

本当にやる必要があるのだろうか？　とは思っても、それが不要かどうかわからないこともあります。そんなときは一時停止してみましょう。

やめてもよさそうだけれど、何か問題がないかどうか不安な場合には、上司や関係者には提出せずに、保険のため作業自体は続けておくのもいいでしょう。

そうしておけば、もし、問い合わせがあったときには、保険としてやっておいたものを提出すればいいだけです。

逆に、数週間も問い合わせがなければ「あの仕事は、もう○週間も問い合わせがないので、やめていいですよね？」と、中止を持ちかければいいのです。

それでもまだ続けるように指示された場合には、今までよりペースを落とす提案をしてみます。

仮にその仕事が毎週やっていたことだとして、2週間に1回になれば50％、月に1回でよくなれば75％の削減になります。

このとき大事なのが、**やめてはいけないことをやめてしまうのではないかと恐れないこと**です。やめたことが間違いだったとわかれば、そのときに再開すればいいのです。

「これって本当にやる必要があるのかな？」

そう思うことがあったら、どんどんやめていきましょう。

ステップ2　次のアクションは複数あるか？

GTDのステップに戻りましょう。ステップ1「行動を起こす必要があるか？」がYESの場合、2番目のステップ**「次のアクションは複数あるか？」**に進みます。

「次のアクションは複数あるか？」とは、「そのタスクが1回のアクションで完了するのか、それとも、1回では終わらず、複数の作業やタスクが発生するのか？」ということです。

たとえば、「会議を開催する」という簡単な仕事でも、参加者を人選する、開催日時を設定する、参加者の予定を確認する、会議室を予約する、会議開催案内を送付する……など、複数のタスクがあります。これらを思いついたままに処理していたのでは、ぬけやモレが発生するかもしれませんし、いつになったら会議が開催できるのかわかりません。

このような複数のアクションが必要な内容のときは「プロジェクト」としてプロジェクトリストに記入します。そして「プロジェクトをタスクに分解する」というタスクを作成します。

この「プロジェクトをタスクに分解する」方法は90ページで紹介しますので、ご覧ください。

ステップ2がNOだった場合、つまり1回のアクションで完了するタスクの場合は次のステップに進みます。

ステップ3　2分以内でできるか？

ステップ3は「2分以内でできるかどうか？」、つまり、**「複雑ではないけれど時間がかかるタスクなのか、短時間で完了するのか」**を判断します。

「○○さんに電話をする」「メールを1本書いて送る」「回覧物を次の人に回す」といった、2分以内で終わると判断できるタスクなら、タスクリストに書き出すほうが時間がかかるため、すぐにとりかかって完了させます。

なお、ここではGTDの基本に沿って「2分」と設定しましたが、この時間に特に決まりはありません。3分でも5分でも、あなたが「これくらいならさっさとやってしまったほうがいい」という時間を設定してください。

そうすることで、先延ばしするクセがなくなり、つぎつぎとタスクを処理する能力も高まっていきます。**簡単なことは、その場ですぐに終わらせる習慣を身につけるため**にも、ぜひこれにとり組んでください。

2分以内でできるタスクではなかった場合、次のステップに進みます。

ステップ4　自分でやるべきか？

ＧＴＤの４つ目のステップは**「自分でやるべきか？」**です。

ステップ１でも書きましたが、仕事はすべて自分でやらなければならないわけではありません。これまで、「言われたことはやるのが当たり前」と思い込んでいただけでしたよね。

ですからここでもう一度、**「その仕事は自分がやらなければならないのか？」「自分がやるのが最適なのか？」「他にもっといい人がいるのではないか？」**を考えてください。

その結果、自分が最適、自分以外にやる人はいないという結論に達したら、次のステップ「次にやるか？」に進みます。

もし、自分以外に最適な人がいると判断した場合は、その人に依頼しましょう。

デビッド・アレン氏の書籍では、仕事を他人に任せたあとは「『連絡待ち』リスト」に入れます」と書かれていますが、もう少し主体的に行動します。

任せた仕事がどうなったのかを**確認する日を、依頼するときに決める**のです。そして、確認日をお互いの手帳に記入します。

こうしておけば、あとで確認日を調整する手間が省けるし、相手と締切日を共有することになり、相手の行動を促すことにもなります。

ステップ5　次にやるか？

ＧＴＤの最終ステップは**「次にやるか？」**です。

このステップまで進んできたということは、**その仕事は「やるべき仕事」で、複雑ではないが、2分では終わらなくて、他人には任せられないタスク」**です。

しかし、だからといって、すぐにとりかかるのは止めてください。

まずは、今やっている仕事を中断してまでやらなければならないことなのか、時間に余裕があるタスクなのか？　を判断しましょう。選択肢は３つです。

①重要かつ緊急な仕事なので、今やっている作業を中断してやる
②1ほど緊急ではないので、今やっている仕事が終わったら次にやる
③別の日にやる

①はクレームやトラブル対応など、すぐに対応しないと事態が悪化しかねない仕事です。

この場合は、今やっている作業を中断して、すぐにとりかかりましょう。

②は、その日のうちに終わらせなければならないなど、期限までの時間が少ない仕事です。

今やっている仕事が終わってからとりかかっても、期限までに確実に終わらせる自信があれば、次にやる仕事にします。

③はそれ以外の仕事です。ほとんどの仕事は③に該当します。

新しいタスクが発生したからといって、すぐに反応して作業を始めるのではなく、そのタスクの状況を判断して、とりかかる時期と順番を決めましょう。

そして、「別の日にやる」となった仕事のうち、「いつやるか?」を決められるものについては、予定として手帳のスケジュール欄に書き込みます。

一方、いつやるかをすぐには決められないことは、一旦、タスクリストに記入し、あとで、いつやるのかを決めて予定を書き込みます。

なお、タスクリストの作り方は１１４ページで詳しく説明します。

このＧＴＤメソッドは仕事の生産性を上げるためには欠かせない技術です。最初は面倒くさいと思うかもしれませんが、慣れてくれば、すべて一瞬で判断できるようになります。ぜひ使いこなして、仕事を高速かつ正確に処理できるようになってください。

03 プロジェクトをタスクに分解する方法

ＧＴＤのステップ２で「次のアクションが複数ある場合には、プロジェクトをタスクに分解しましょう」と書きました。ここでは、その方法を紹介します。

用意するものはペンと付せん、それから付せんを貼るスペースです。スペースは机やホワイトボードなどでもかまいません。

しかし、付せんを貼りつけたまま保存したいので、できればＡ３サイズ、かなり複雑なプロジェクトの場合は模造紙など大きめの紙を用意したほうがいいでしょう。

やることはいたって簡単、そのプロジェクトの**ゴールを設定し、それに向かってやるべきことを1項目ずつ付せんに書き出します。**そのとき、できるだけ細分化して具体的に書きます。

目安としては、1項目を処理するのにかかる時間は30分以内、長くても1時間を目指してください。もちろん、30分以内なら短くても問題ありません。

思いついたことをどんどん書き出していきましょう。そのときにタスクといっしょに**「どれくらいかかるのか（所要時間）」も合わせて書いておきます。**

たとえば、先ほどの「会議を開催する」というプロジェクトなら、「参加者を人選する（5分）」「開催日時案を設定する（5分）」「参加者の予定を確認する（10分）」「会議室を予約する（5分）」「会議開催案内を送付する（10分）」という感じです。

書き出す項目は、自分の作業だけではありません。

「いつまでに誰に何を発注しなければならないのか」

「その人が作業を完了するのにどれくらいかかるのか」

など、他者に依頼する作業も含みます。

思いつく限り書き出したあとは、その**付せんを並べ替えていきます。**このとき注意する点として、他の作業と並行で作業できるのか、それとも前の作業が終わらないと始められない直列作業なのかなどを考慮しながら並べ替えてください。

並べ替えながらも、他にも必要な作業があることに気がついたときには、それも付せんに書き出して、いっしょに並べていきます。

プロジェクトの分解に付せんを使うのは、この並べ替え作業をするときに貼って剥がしてと、簡単に移動できるからです。

ここまで来るとパズルのようなものです。どういう順番でやるとうまく流れるかを考えながら並べてみましょう。

それが終わったら、付せんを貼ったシートをそのままタスクリスト代わりに使ってもいいし、各項目をタスクリストに入れても、ガントチャートに書き込んでもいいでしょう。自分が使いやすい形で保管しましょう。

プロジェクトは分解できたし、ＧＴＤで自分がやるべきタスクも見つかったので、次はタスクリストの作り方を紹介します。

プロジェクトをタスクに分解する方法

用意するもの

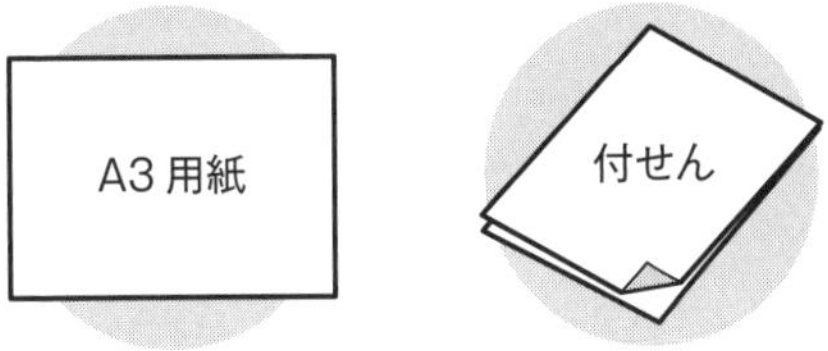

紙は大きめなものを選ぶ

付せんに書き出す

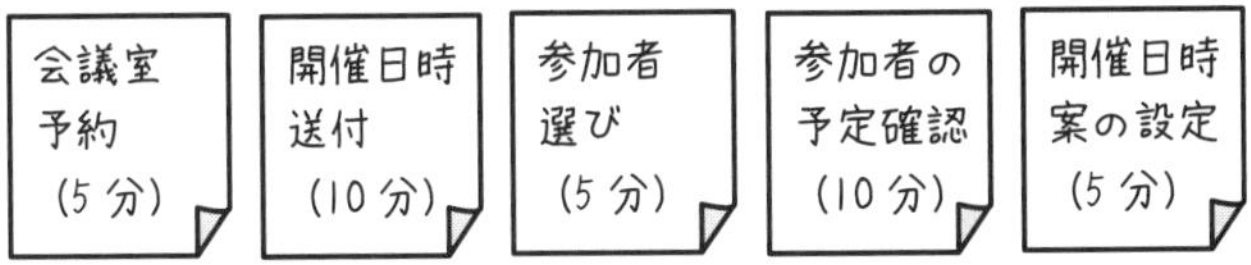

するべきことをひとつひとつ書き出してみる

所要時間も書くのがポイント

付せんを並び替える

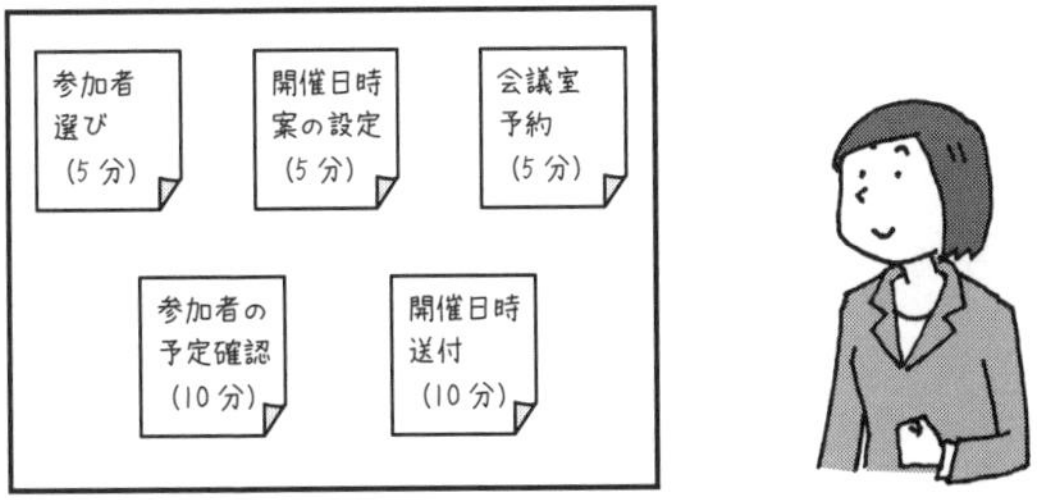

04 なぜタスクリストだけでは上手くいかないのか？

「タスクリストって、ただ『やること』を書き出したものでしょ？　それだったら作っている」という人も多いと思いますが、項目だけを書き出しただけでは不十分です。

タスクリストを作る目的は何でしょうか？

「タスクを整理すること？」「ヌケ・モレを防ぐこと？」「優先順位を決めるため？」などが浮かぶでしょう。

もちろん、それも重要ですが、もっと大事な目的があるのです。

もしあなたが「今日こそは早く帰ろう！」と思いながらも、残業をしなければ終わらないことがあるなら、それは、あなたのタスクリストには大事なことが書かれていないことが原因なのかもしれません。

ここからは少しだけ、タスクリストに書いておくべきことについて書きます。

●ひとつひとつのタスクに所要時間を割り振る

タスクリストの大事な役割は、ひとつひとつの**タスクを処理するのに必要な時間を把握すること**です。タスクリストとタスク管理の本質は「やること」の管理だけではなく、この**「所要時間」をコントロールすること**にあるのです。

あなたは、今、自分が抱えているタスクを処理するのに、必要な時間を把握していますか？

では、ここで少し時間をとって、今日やる予定のタスクだけでも、それぞれのタスクを処理するのに必要と思う時間を書き出してみてください。すべてのタスクの所要時間を書き出したら、次は、所要時間を合計してください。何時間ありましたか？

１日の勤務時間が８時間の人だったら、所要時間の合計が６時間くらいなら、今日中に終わるでしょう。

８時間ちょうどだったら……。

あなたも毎日のように経験していると思いますが、仕事は自分のペースだけで進めることはできません。急な仕事が入ったり、人に話しかけられたり、予想以上に時間がかかったり……。予想より早く終わることは少なく、延びることのほうが多いでしょう。したがって、タスクの所要時間の合計が8時間だったら、残業になる可能性が高いのです。

では、もし、所要時間を合計してみたら12時間だった場合、どうなるでしょう？

所要時間にかなりの余裕を見込んでいない限り、どんなに順調に進めることができても残業しないで終わるはずはありません。

もし、そんな状況になっているのなら、

「今日やろうとしていたことの中に、明日以降に回せるタスクはないか？」

「ひとつひとつのタスクにかける所要時間を短縮できないか？」

「他の人に任せられるタスクはないか？」

など、その日の作業時間を短くする工夫をする必要があります。

そのためにもタスクリストには「やること」だけを書き出すだけではなく、ひとつひとつのタスクに所要時間も書いておくのです。

今日やることリスト

今日のやることリスト　　　　平成29年10月31日

	タスク（やること・やりたいこと）	必要時間	詳細／備考
A	A プロジェクト　議事録作成	1：00	
B	B さんに見積依頼	0：15	
C	Cさんについてネットで調べる	0：30	
D	D プロジェクト　企画書作成	2：00	
E	E 社プレゼン資料用　絵コンテ	1：00	
F	E 社プレゼン資料用　イラスト作成	4：00	
G	G企画　稟議書作成	0：30	
H	Hさん　打ち合わせ	1：00	
I	Iプロジェクト　提案書修正	1：30	
J	旅費精算	0：20	
	合計	12：05	

今日やる予定のことに必要な時間の合計が

12時間を超えている。

これでは、残業せずに終わるわけがない。

別の日にやる，もっと短時間でやる、他の人にお願いする等、

対策を考える必要がある。

05 所要時間は、自分で考えた時間の1・5倍見込む

前の項目で「仕事は予想より早く終わることは少なく、延びることのほうが多い」と書きました。

「これくらいの仕事だったら、今日1日あれば終わるだろう」と思っていたのに、終業時間近くになっても終わっていなかった、という経験をしたことがある人も多いのではないでしょうか。

しかし、それとは逆に、仕事が溜まってしまったから、休日出勤をして処理しようとしたとき、「こんなに大量にあると、1日かけても終わるかな？」と思いながら仕事を始めてみたけれど、夕方にはほとんど終わってしまった、という経験もあるのではないでしょうか。

なぜこのように、予想と実際に差が出るのでしょうか？

それは、平日の場合は、まわりに他の人がいるので話しかけられたり、他の会社も

仕事をしているから、電話やメールで中断されることがあるからです。せっかく集中してやっているときに中断されると、**中断される前の集中力まで高めるのに時間がかかる**ので、タスクを処理する時間が予想よりも長くなってしまうのです。

休日出勤した場合は、これとは逆です。

いろいろな割り込み作業が入る平日だったら1日かかる仕事でも、休日なら誰からも邪魔をされることがなく、自分のペースでサクサクと進めることができるので、早く終わるのです。

ですから、所要時間を見積るときには、中断されることも考慮して、「これくらいあればできるだろう」という時間の1.5倍、たとえば1時間でできると思った仕事は1時間半、2時間かかると思った作業には3時間を確保します。

もし、順調に進んで最初に想定した時間内で終わってしまったらどうするのか？

そのときには、次に予定したタスクを時間を繰り上げて処理しても、余った時間でできる別のタスクを処理してもいいのです。アポをとった相手は自分だけなので、予定を変更しても誰も困りません。どの作業なら空いた時間で処理できそうなのかをすぐに判断するためにも、タスクリストには所要時間を書いておく必要があるのです。

06 自分締切で余裕を作る

仕事は期限ぎりぎりまでに終わらせればいいと考えていると、必ず時間に追われることになります。普段だったら簡単にできることでも、時間に追われると焦ってミスも多くなるため、余計に慌ててしまいます。悪循環です。

こんなことにならないように仕事が速い人は、期限よりも前に余裕をもって仕上げるように計画を立てます。

この本ではこれを**「自分締切」**と呼ぶことにしますが、自分締切を設定する理由は、時間に追われなくなる以外にも、次のような理由もあります。

たとえば、約束の時間ぎりぎりに提出したところ、先方から、

「ちょっと違う。ここをこうして、こっちはこんな感じで修正してくれる?」

と言われたら困りませんか?

こうなると、残りの予定をキャンセルしてでも、残業してでも、その修正内容が大

幅だったら徹夜してでもやらざるを得ません。

また、「これから全力でとり組めば何とか終わるだろう」と始めたとたん、クレームなど緊急な仕事が入ってしまったらどうするのでしょう？

あるいは、インフルエンザにかかってしまったら？

仕事が速い人は、このリスクを知っているから、**自分締切を設定して前倒しで作業をする**のです。

ところが、こういう話をすると、

「今でさえやっとのことで間に合わせているのに、前倒しなんてできるわけがない」

と思う方もいるでしょう。

しかし、大丈夫です。２、３割なら作業時間が減っても、締切には十分間に合わせることができます。

あなたは、「仕事の量は、完成のために与えられた時間をすべて満たすまで膨張する」という『パーキンソンの第１法則』を知っていますか？

たとえば、何かのレポートを作成しなければならないとします。急いでやらなければならない他の仕事がなければ、丸1日使ってしまうかもしれません。

しかし、他の予定が入っていて、レポート作成にかけられる時間が1時間しかなければ、その時間で書き上げることもできてしまうのです。

これが「パーキンソンの第1法則」です。

もしかすると、丸1日かけて作り上げたものより、1時間で書いたレポートのほうがいいものができるかもしれません。

なぜか？

いい仕事をするために必要なのは、時間ではなく「集中力」だからです。

だから、本当の締切よりも前倒しの自分締切を設定しても、それまでに終わらせようとするし、実際に完成させることができるのです。

では、自分締切は本当の締切のどれくらい前に設定するのがいいのでしょうか？

決まりがあるわけではありませんが、私はだいたい与えられた時間の80％の時間で提出できるレベルまで作り上げることを目標にしています。

たとえば、月曜日の朝に依頼されて、期限が金曜日中、つまり、５日間の作業時間が与えられた場合には、その80％の４日間で終わらせる計画を立てます。

しかし、この場合だと、木曜日の夕方では何かあったときに対応できないかもしれないので、おそらく木曜日の午前中には終わらせるように計画するでしょう。

30日間かけられる仕事だったら、25日くらい、１００日使っていい仕事なら80日ぐらいで終わらせるように自分締切を設定します。

そこで提出できるレベルまで作り上げたあとは、他の仕事がなく余裕があれば精度を上げればいいですし、他の予定が入ってしまった場合には、その時点で提出してしまいます。

これは私の例なので、どれくらいの余裕を見込めばいいのかは、みなさんの仕事の状況に合わせて設定してください。

仕事の筋力も体の筋肉と同じです。集中して、今できる能力以上の負荷をかけることで、筋力がアップし、今以上の高いパフォーマンスが発揮できるようになるのです。これもやれば必ず効果が出るので、やる前から「ムリ」とあきらめるのではなく、「本当かな?」と疑いながらもやってみて、仕事の筋力をアップさせてください。

自分締切で余裕を作る

✕ 締切までに終わればいいと思って作業

とっさのトラブルなどに対応できない

○ 締切より前に終わらせる

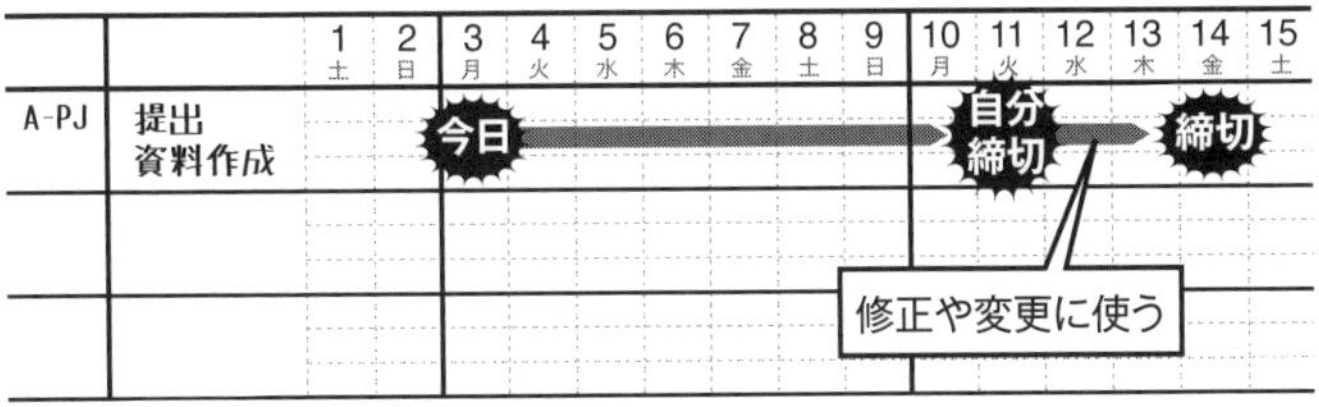

本当の締切よりも前に自分締切を設定することで
締切間際に修正や変更が発生しても
慌てることなく対応することができます！

07 締切から逆算してペース配分を決める

前項で本当の締切＝デッドラインよりも前に自分締切を設定しました。次にやることは締切からの逆算です。

「スケジュールを立てるときの基本は逆算だ」とよく言われますが、多くの人がこれとは逆の積み上げ型になっているんじゃないかと思っています。

「毎日、できるところまでやる。それを続けていれば、締切には間に合うはず」こんなふうに仕事をしているのであれば、一度振り返ってみましょう。実際はどうでしょうか？

多くの人が、締切直前になっても終わっていないタスクが大量に残ってしまい、ときには徹夜して終わらせる、という状況になっています。

なぜこのような状況になってしまうのでしょうか？

それは、最初に、いつまでに・どこまで終わらせる必要があるのか、途中途中のチェックポイントを設けていないからです。

これに対して、逆算で考えるとは、確実に達成するために**「いつまでに」「どこまで」できていなければならないかを前もって決めておく**ということです。

たとえば月の売り上げ目標が1000万円、営業日が20日だったとすると、月の真ん中までに500万円、5日目までに250万円の売り上げを作らなければならないことは簡単にわかります。

このとき、1か月、1000万円という大きな塊のままで見ると、達成できるのか、できないのかわかりません。

そこで、5日目・10日目・15日目までに、それぞれいくらの売り上げを達成する必要があるのかを確認します。そして、1日あたり50万円と目標を小さく分解することで、小さなゴールが明確になり、達成しやすくなるのです。

同様に、今日が月曜日で来週の金曜日までに終わらせなければならない仕事が発生したならば、作業にとりかかる前にペース配分を決めておきます。

①水曜日までに完成度30％くらいのラフな案を作って
②金曜日には完成度としては50％くらいの下書きまで
③来週の水曜日には、完成度80％位で提出できるレベルまで作り上げて
④木曜と金曜日の午前中で仕上げて提出する

こうすることで、無理のない予定を立てることができます。

仕事は期限ぎりぎりまでに終わらせればいいと考えていたときのリスクは、前述の通りです。万が一のことが起きても被害を最小限にとどめる。そんな計画を立てることが重要です。

これはどんな仕事でも同様です。ゴールまでの道のりを逆算してペース配分を決めるから、締切間際に慌てることも、残業することもなく、楽々と目標が達成ができるのです。

締切から逆算してペース配分を決める

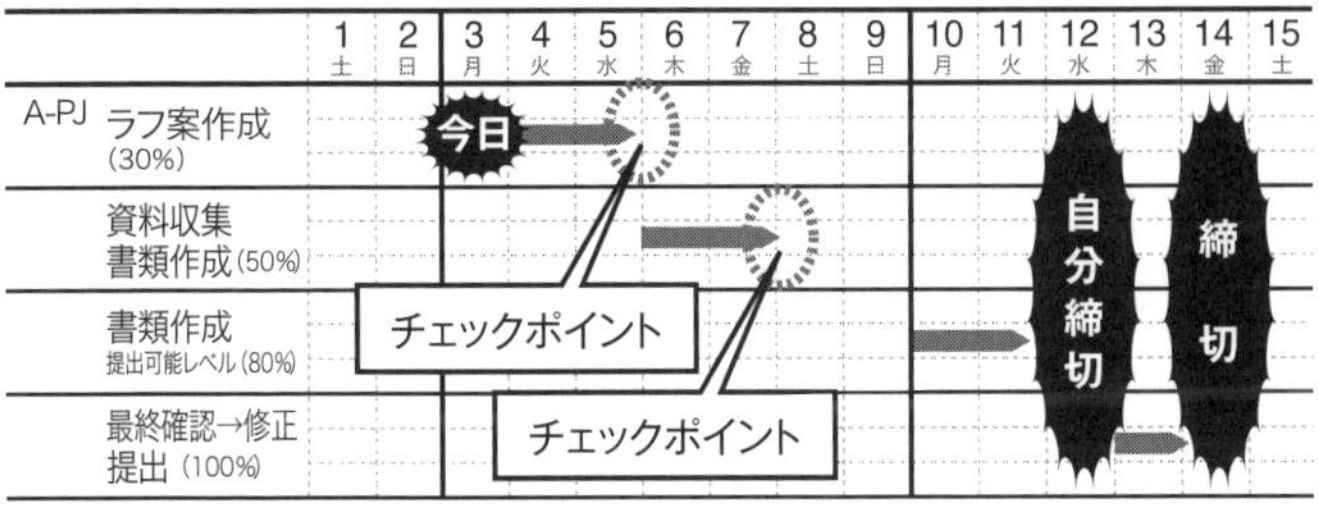

チェックポイントは最終ゴールまでの間に設けた小さなゴール。
チェックポイントを設定することで、
締切前に遅れることもなく、完成させることができる。

08 時間と品質のバランスをとる

仕事の品質は時間をかければかけるほど上がります。

しかし、80点の仕事を100点にするには、60点の仕事を80点にすることの10倍の労力と時間がかかると言われるように、かけた時間と品質は比例するわけではありません。

最初は一気に品質が上がりますが、あるレベルに達すると、それ以上はなかなか上がらなくなるものです。

ところが、1日は24時間しかありません。その限られた時間の中で、やるべきことや、やりたいことをするためには、当然、ひとつひとつに充分な時間などかけられません。

したがって、**「どのレベルまで品質を上げる必要があるのか？」**を仕事にとりかかる前に見極める必要があります。

与えられた時間の中で、毎回、求められた品質以上のものを作り上げる、これこそ

がプロの仕事です。

ただ、ここで注意したいのは、**過剰な品質まで高める必要はない**ということです。

たとえば、「○○について調査し、結果をまとめる」という仕事が出てきたとします。このとき、報告する相手がチームのメンバーなのか、上司なのか、お客様なのかによって、当然完成度は変えるべきです。

チームメンバーや上司に簡単に報告する程度の30点レベルで十分な仕事に、80点分の力をかけてパワーポイントにまとめたらどうなるでしょうか？

上司に調査結果を報告したとき、

「もっと早く報告してくれれば、こんなにきれいにまとめなくてもよかったのに」

と言われるのがオチです。そんなことに時間を使うのなら、もっと他にやるべきことがあったはずです。

最初に書いたように、時間は有限、いくらでも使えるわけではありません。

したがって、「求められる品質＋α」まで達したら、その仕事はさっさと終わりにして次の仕事にとりかかる。そうすることで、多くの仕事が処理できるようになるのです。

それに、**仕事の評価は自分でするのではありません。**それを**受けとった相手がするもの**です。

自分では１００点の物ができたと思っても、相手が30点の仕事だと判断したのなら、それは30点の価値しかないのです。

逆に、自分では70点の出来しかないと思っても、相手が「こういうものが欲しかったんだ。満足度１２０点だよ」と言えば、それは１２０点の仕事をしたことになるのです。

それを理解したうえで、これなら大丈夫と思った時点で提出してしまいましょう。そして、相手からのフィードバックをもらって改善する。そういう気持ちでとり組んだほうが、いい仕事ができるようになります。

そのためにも、仕事は**相手の欲求や求められている品質をしっかりと理解したうえで、前倒しで終わらせること**が必要なのです。

仕事の質と時間のバランスの見極め

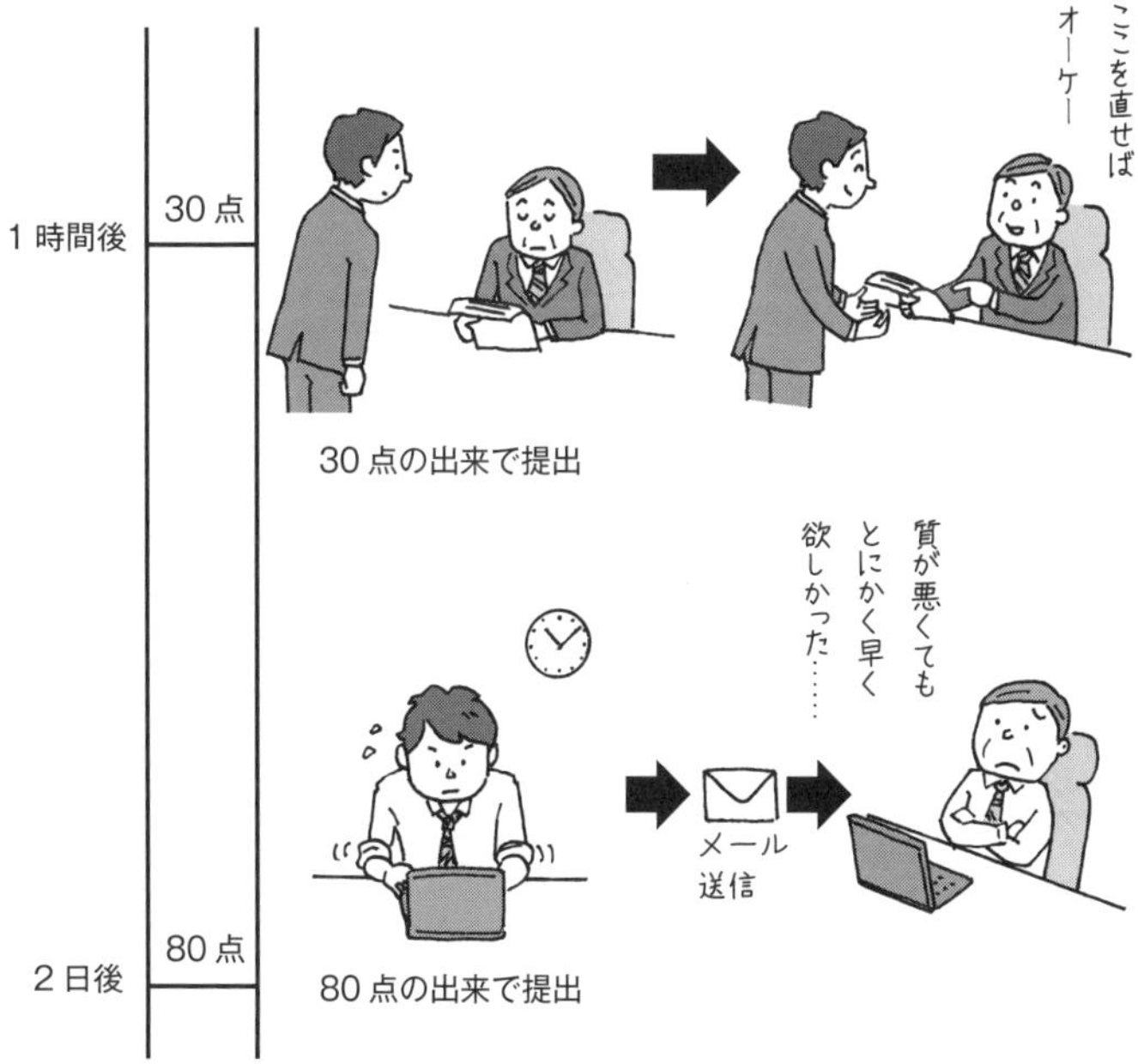

すべての仕事を100点まで仕上げる必要はない。
求められるレベル＋αのものを
最短で作り上げるのがプロの仕事！

09 仕事が速くなるタスクリストの作り方

さて、ここまでにご紹介したことをすべて網羅した理想のタスクリストを作ってみましょう。

何を書くのか、というとタスクリストですからもちろん「タスク」です。

しかし、ただ単にやること・項目を書くだけでなく、ここまでに紹介してきた**「所要時間」**、**「本当の期限（デッドライン）」**、**「自分締切」**、締切と所要時間から逆算した**「着手日」**、期限までにどこまで仕上げるかという**「完成度」**まで書き込みます。これに自分が最後まで仕上げる仕事なのかを示す「最後か？」（これについては、第5章で説明します）と「詳細／備考」を加えると116ページのような一覧表の完成です。

新しく「やること」が入ってきたら、ＧＴＤで整理し、自分がやる必要があると判断したものについては、このリストに書き込んで管理しましょう。

このリストは、このまま手帳に挟んで持ち歩き、ちょっとしたスキマ時間に確認して、終わった項目にはチェックを入れる、ヌケやモレに気づいたら、すぐ書き込むようにしてください。

ちなみに、面倒くさがりやの私は、このリストをとり出すのも面倒なので、重要なタスクは手帳の右側のメモページに縦線を1本引いてタスク記入欄を作り、そこにも記入しています。

こうしておけば、その週のページを開いただけで、予定とタスクを同時に確認できます。

また、手帳にタスクを書くときは、仕事は大文字のAから、プライベートは小文字のaから順番にアルファベットを振るとともに、仕事のタスクは上から、プライベートの用事は下から順番に書いています。

こうしておけば、第6章で紹介する自分だけの時間割を作るときに、記号だけを転記すればいいので、書く手間が省けるし、狭いスケジュール欄にも楽に記入することができます。

私のタスクリスト

タスクリスト　　　　平成 29 年 10 月 31 日

	タスク（やること・やりたいこと）	最後か?	必要時間	本当の期限	自分締切	着手日	完成度	詳細／備考
A	A プロジェクト　議事録作成		1：00	11/15	11/13	11/10	70	
B	B さんに見積依頼	○	0：15	11/13	11/10	11/10	100	
C	Cさんについてネットで調べる	○	0：30	11/14	11/13	11/13	40	
D	D プロジェクト　企画書作成		2：00	11/24	11/20	11/19	60	
E	E 社プレゼン資料用　絵コンテ		1：00	11/12	11/11	11/10	20	
F	E 社プレゼン資料用　イラスト作成		4：00	11/17	11/15	11/13	40	
G	G企画　稟議書作成	○	0：30	11/20	11/16	11/15	60	
H	Hさん　打ち合わせ	○	1：00	11/22	11/20	11/20	100	
I	Iプロジェクト　提案書修正		1：30	11/15	11/14	11/14	80	
J	旅費精算	○	0：20	11/14	11/13	11/13	100	

タスクリストには項目だけではなく、「必要時間」、「本当の期限」、「自分締切」、「着手日」、「完成度」を書く。

タスクにアルファベットを振っておけば、手帳に転記する際に記号だけを書けばいいので、書く手間が省けるし、狭いスケジュール欄にも簡単に記入できる。

タスクを手帳に転記した図

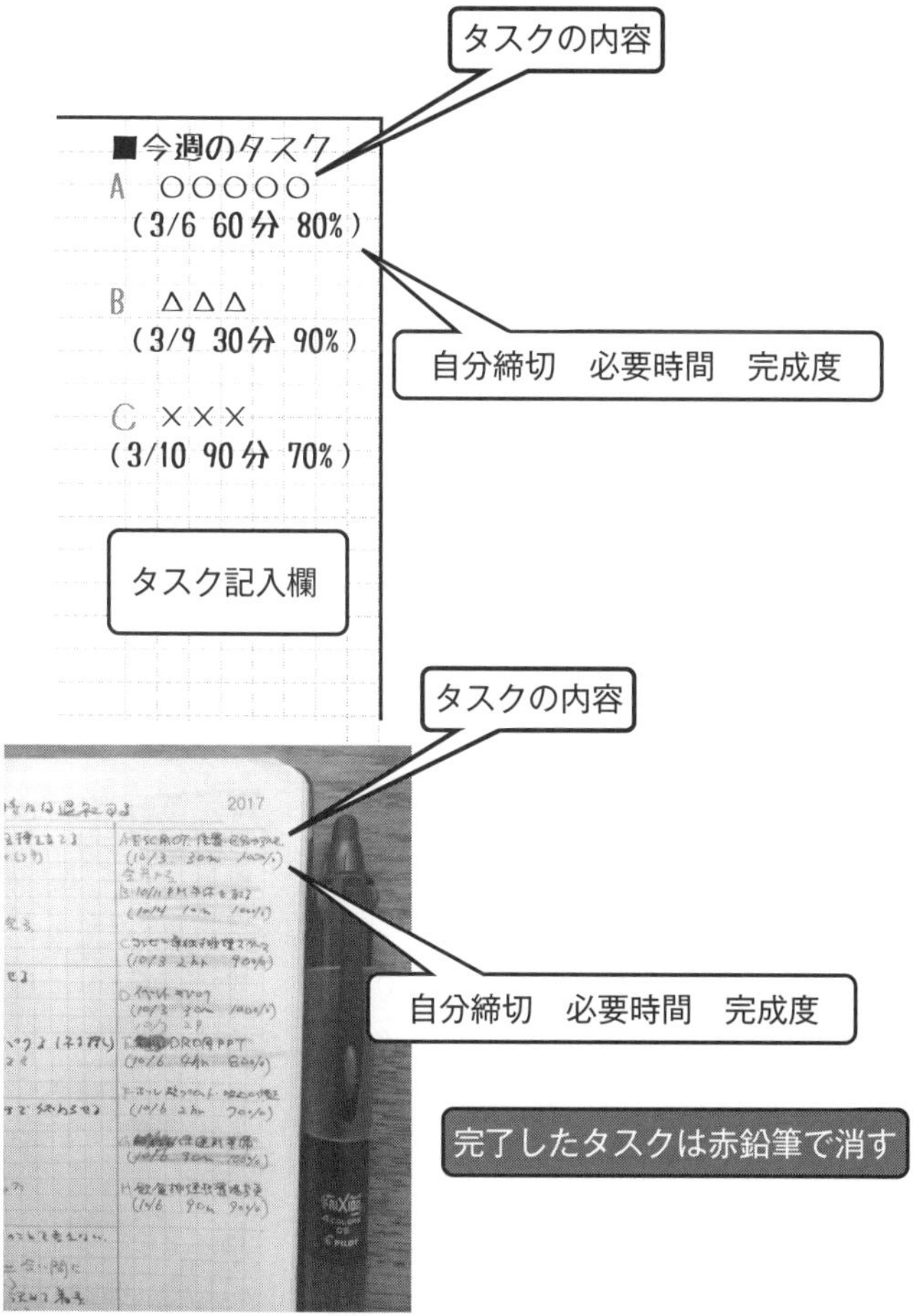

第4章

仕事が速い人の手帳の使い方【基礎編】

01 手帳の使い方

ここまでに紹介してきたように、手帳に書くのは、打ち合わせや会議、接待、懇親会、映画、コンサートなど、他の人と約束したことだけではありません。自分ひとりで何をするのか、**行動予定も書きます。**

また、未来のことだけではなく、実際に**行動した結果も書いていきます。**

それは、予定と結果を比較して、うまくいったことも、いかなかったことも今後に活かすためです。

さらに、記入する内容も予定だけではなく、タスクや夢・目標・課題、考えたこと、感じたことなど、何でも書き込みます。

これらもすべて、**昨日よりも今日、今日よりも明日をよくするため**です。

ここからは、手帳への記入方法を具体的に紹介します。

何でも手帳に書き込む

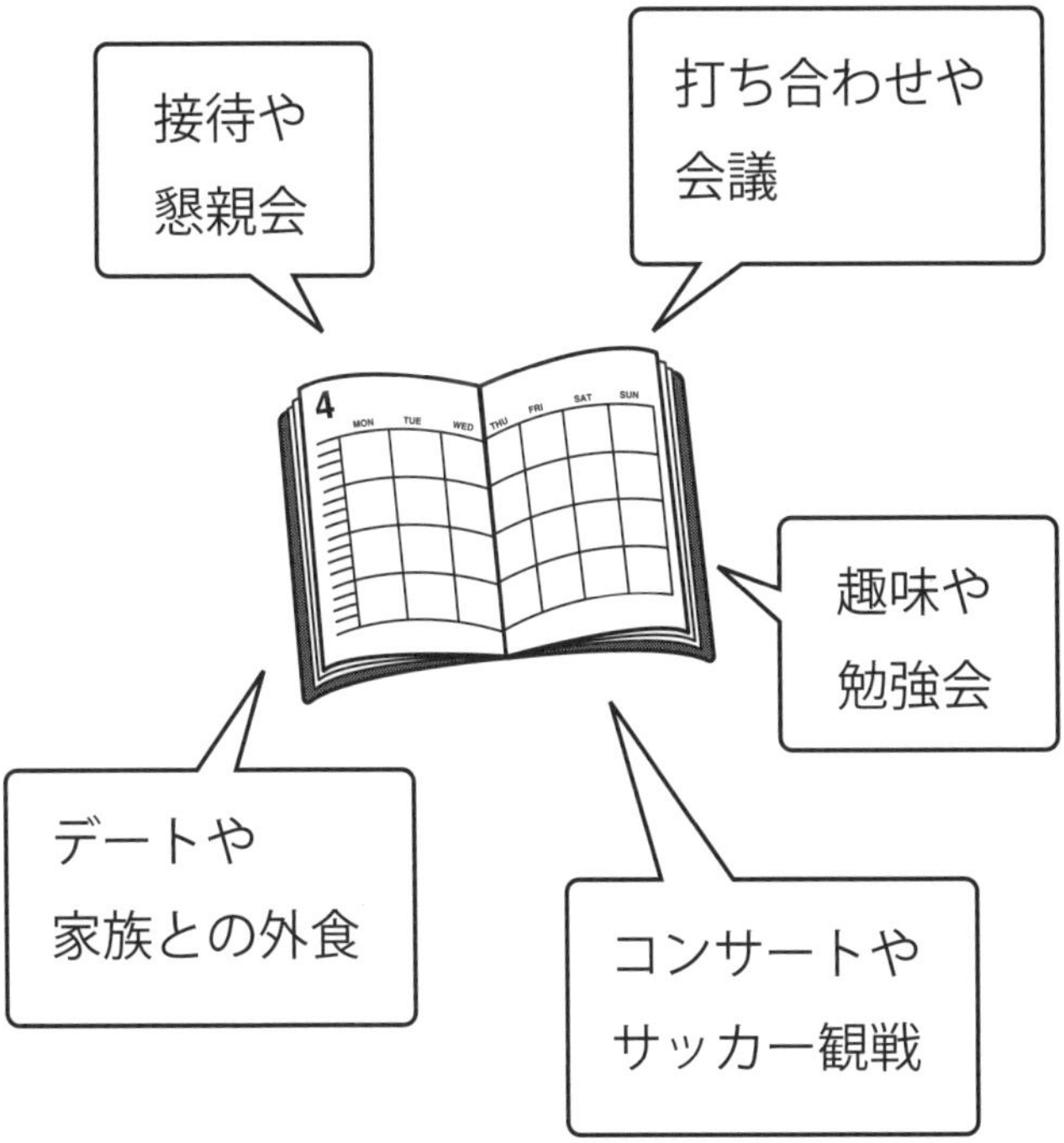
接待や
懇親会
打ち合わせや
会議
趣味や
勉強会
デートや
家族との外食
コンサートや
サッカー観戦
4
MON
TUE
WED
THU
FRI
SAT
SUN

02 手帳に予定を記入する

まず、**予定は、入ってきたらすぐに手帳に書く**習慣を身につけてください。これができていないから予定を忘れてしまったりモレが発生するのです。

予定の記入方法ですが、レフト型の手帳を使っているのに、左図のように「○時：XX」と記入していませんか？

これでは時間が可視化できません。時間軸が入った手帳を使っているのであれば、**開始時刻から終了時刻まで線を引きましょう。**このとき、終了時刻を意識しやすくするために、レフト型なら縦に、バーチカル型なら横に線を引きます。

会議など、終了時刻が決まっていない予定の場合も終了時刻を予想して線を引きますが、この場合は縦（バーチカル型では横）線は引かずに矢印を書きます。

こうして終了時刻が決まっている予定と決まっていない予定を書き分けておけば、臨機応変に対応することができます。

予定は時間軸に線を引いて記入する

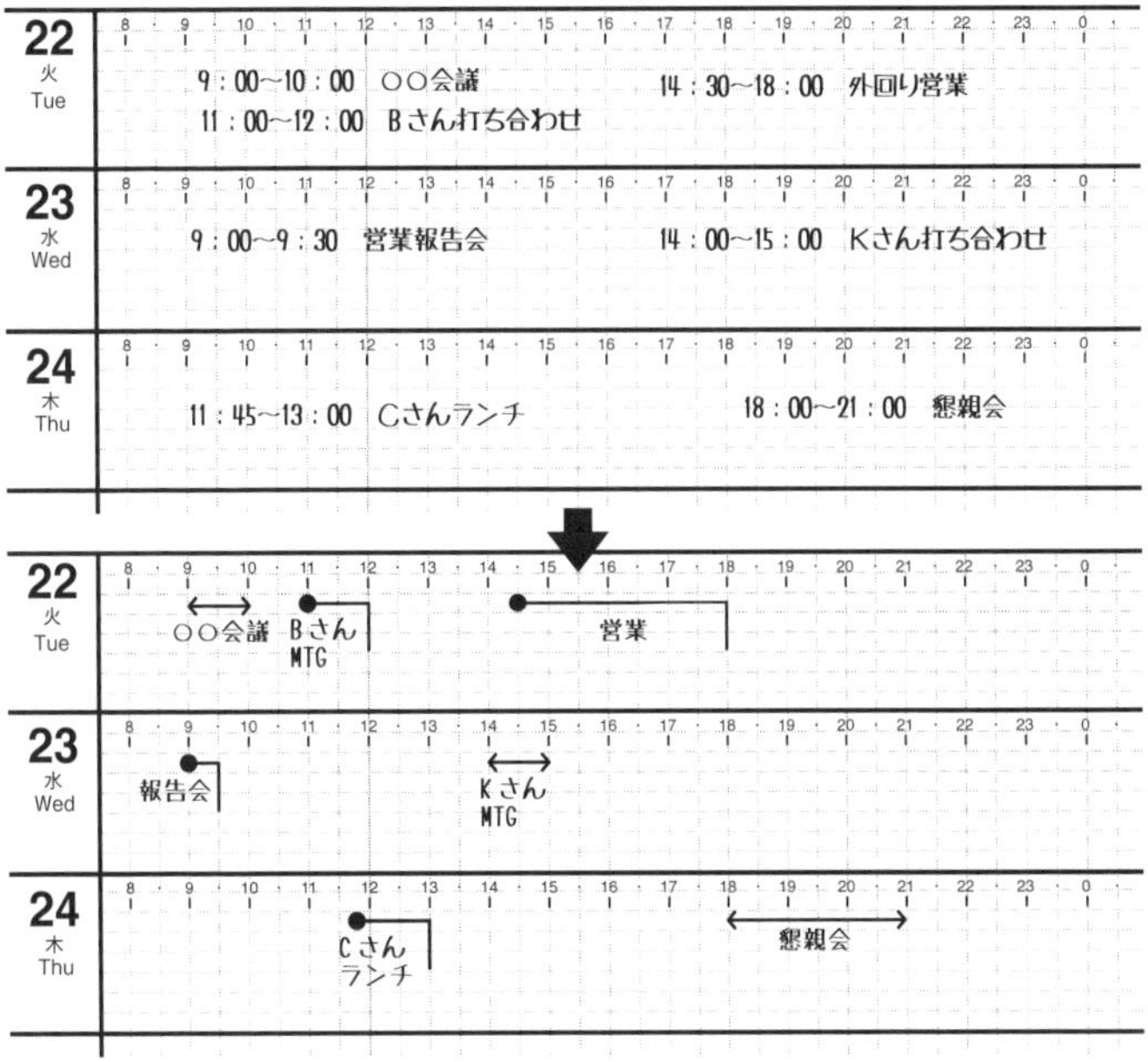

こうしておけば、早く終わったときのために、
空いた時間にやることを考えておく、延びる可能性があるのなら、
次の予定までのバッファを長めにとるなど、
予定が立てやすくなる。

03 スケジュール管理は1か所で

セミナーや勉強会で講師をしていると、
「仕事用とプライベート用の手帳は分けたほうがいいですか?」
と質問されることがあります。

これについての私の答えは明快です。

身体はひとつ。仕事とプライベートの用事を同時に処理することはできないのだから、1冊の手帳（できれば同じページ）に書き込む、です。

もし、仕事はA手帳、プライベートはB手帳と使い分けていると、毎回両方の手帳を確認する必要があります。このとき、面倒だからと、A手帳だけを見て予定を入れてしまったら、同じ時間帯にプライベートの予定が入っていた、ということにもなりかねません。

こんな事態にならないようにするためにも、スケジュールは1冊の手帳で管理することを強くオススメします。

しかし、仕事とプライベートの予定を同じページに書いていたら、仕事相手にプライベートの予定が見られてしまうのではないか、と心配されるかもしれません。

そんな方は、見られてもいいような工夫をしてみてください。

たとえば、会議は「MTG」、移動は「M」、お客様は「客」、現場は「現」、勉強会やセミナーは「勉」、デートは「D」など、**自分だけの記号を作ってみましょう。**

これなら人に見られてもわかりませんし、画数が少なくなるから書く時間が短縮できます。さらに狭い手帳のスペースにも収まるので、一石三鳥です。

ただし、記号の一覧表を作らなければ覚えられないほど増やすのはやめましょう。書くたびに表を見るようでは、余計に時間がかかってしまいます。

また、略し過ぎて思い出せなくなったり、打ち合わせのつもりで書いていた「打」を打ち上げと間違えたりしないよう、無理のない範囲に留めてください。

記号を使って書くことに加えて、**仕事とプライベートを色分けする**こともオススメです。

たとえば、私は仕事は青、プライベートは緑で書き分けています。

さらに、自分の作業予定はシャープペン、行動した結果は赤と決めています。

なぜなら、色ごとに意味や役割を持たせることで、ぱっと見たときにわかりやすいからです。

ただし、色分けのルールをメモに書いておかないとわからないほど、色数を増やすのは避けましょう。ぱっと見てわかるようにすることが目的ですから、3、4色に留めたほうがいいでしょう。

それに3、4色ならマルチカラーのペンで書き分けられますので、手帳に1本刺しておくだけでいいというメリットもあります。

これらのルールは人それぞれなので、自分のライフスタイルや考えに合わせて自由に決めてください。

自分だけの記号例

記号	意味	記号	意味
M	移動	メシ	食事
TX	タクシー	〒	郵便局
MTG	会議・打ち合わせ	TEL	電話
客	お客様	〆	期限・締切
現	現場	D	デート
（仮）	仮の予定	勉	セミナー・勉強会

増やし過ぎるあまり、メモを見ないとわからなくなると逆効果！

色分けルール

2色ルール	
黒	仕事関連の予定
青	プライベートの予定
3色ルール	
黒	仕事関連の予定
青	プライベートの予定
赤	忘れてはいけない重要項目
4色ルール（著者）	
黒	相手がいない自分ひとりの行動予定
青	相手のある仕事（外出・打ち合わせなど）
赤	行動した結果（成果につながらないことは黒）
緑	プライベートの予定（セミナーや勉強会、食事会など）

色分けルールに決まりはありませんが、ぱっと見て何を示しているのかわからなくなるほど増やすのは止めましょう！

04 重要なタスクはスケジュールといっしょに管理する

タスクとスケジュールを手帳とノート、あるいは、1冊の手帳でも違うページに書いていると、どんなに見返しても見落としてしまうことがあります。

そうならないためには、**タスクもスケジュールもすべて同じページで管理すること**ですが、手帳のスケジュールページやメモページでは書けるスペースには限りがあります。

したがって、他のページに書いても絶対に見落とさない自信がある人は別として、これだけは絶対に忘れてはいけない、というタスクだけでもスケジュールといっしょに見られるところに書きましょう。

一覧できれば、他のノートを開いたりページをめくったりする手間と時間も省けるので、時間短縮にもなります。

タスクはスケジュールと同時に管理

タスクをマンスリーページやノートページなど、スケジュールページ以外の場所に書くと、確認するときにページをめくらなければなりません。

面倒だからといって確認を怠ると、モレや忘れの原因となります！

週間レフトタイプ

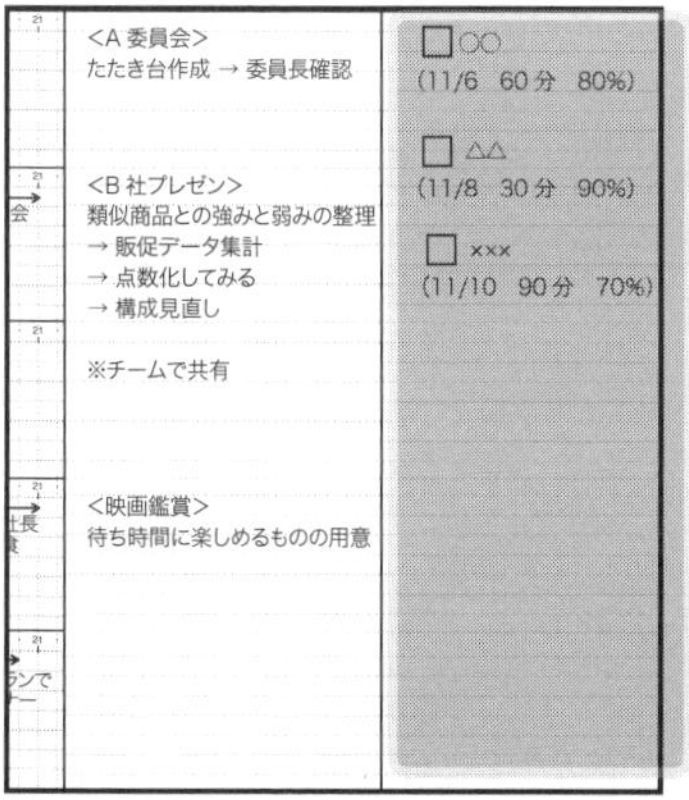

週間バーチカルタイプ

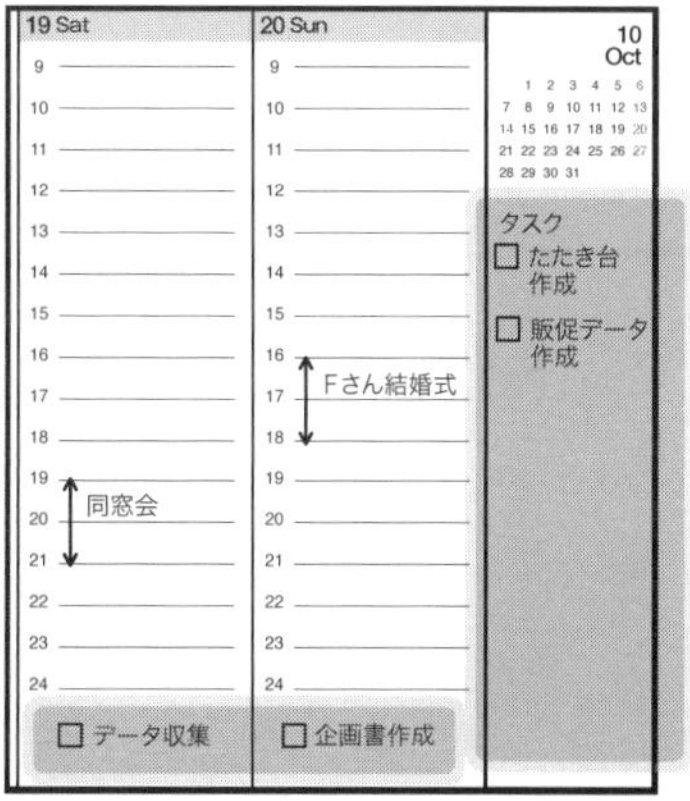

タスクとスケジュールは同時に見えるところに書くと、見落とすことがなくなる

05 ウィークリーの時間軸での管理が必須

しっかりとスケジュールを管理して、仕事を速くしたいのなら、**予定を時間ごとに記入できるレフト型やバーチカル型の手帳が必須**です。

それは時間軸に沿って予定を書くことで、**どこが埋まっていて、どこに余裕があるのかが一目でわかる**からです。

マンスリータイプの場合、スペースが狭いため、3、4件の予定を書いただけでキチキチに埋まっているように感じてしまうでしょう。

また、空き時間を探すためには、書かれた時間を頭で計算する必要があります。

しかし、これは脳に余計な負担をかけてしまうため避けたいです。それにもし、始まりの時間しか書いていなければ、空き時間を計算することさえできません。

これに対し、ウィークリーでは、予定をバーで描いて可視化しているので、予定が空いている時間も重なっている部分もすぐにわかり、忘れることなく調整できます。

ウィークリーで時間管理をする

マンスリーでは空き時間も時間の重なりも把握しにくい

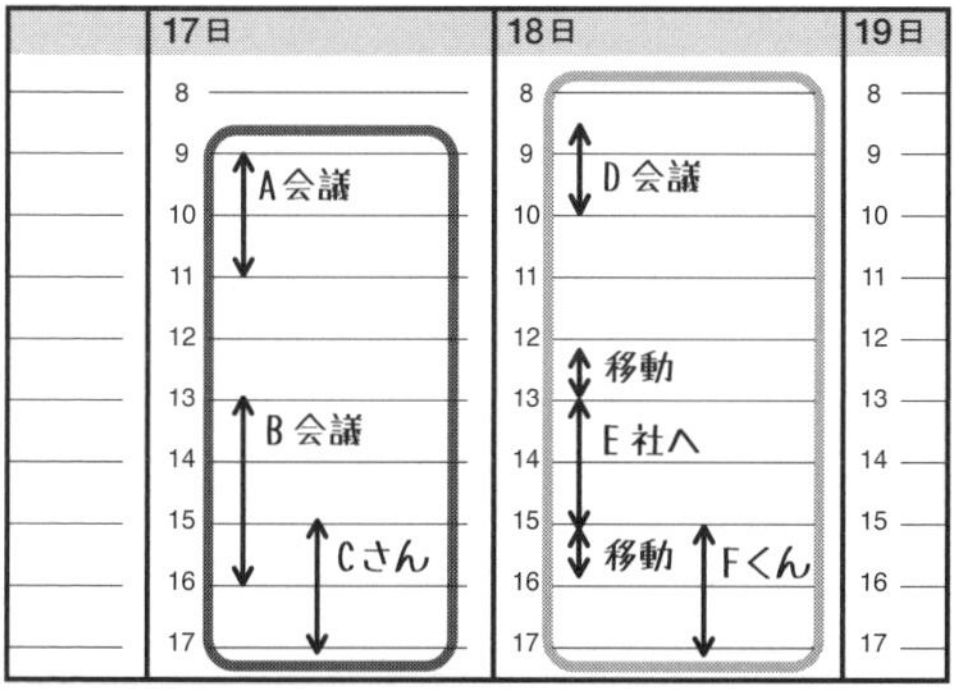

空き時間も時間の重なりも一目瞭然

06 予定とメモが一覧できる週間レフト型がオススメ

時間管理が目的ならバーチカル型をオススメする人が多いし、時間管理という点だけで考えるなら、私もレフト型よりバーチカル型のほうが有利だと思っています。

しかし、次章以降でご紹介するように、**手帳1冊でPDCAを回そうとするのなら、**左ページが横軸のスケジュールページで右側がメモページになっている**レフト式をオススメ**します。

バーチカルタイプの場合、計画【P】はわかりやすくていいけれど、計画と並べて行動結果【D】を書こうとしても、記入欄が狭すぎて書けませんし、メモスペースが少ないので、行動結果の評価【C】や改善策【A】を書くスペースも足りないからです。

もちろん、バーチカル型を上手く使っている方もいらっしゃるでしょうから、ご自分の使い方を考えて、使いやすいほうを選んでいただいて結構です。

郵便はがき

恐れ入りますが
62円切手を
お貼り下さい

112-0005

東京都文京区水道2-11-5

明日香出版社 行
プレゼント係

感想を送って頂いた方10名様に
毎月抽選で図書カード（500円）をプレゼント！

ご注文はこちらへ

※別途手数料・送料がかかります。（下記参照）
※お支払いは〈代金引換〉です。（クロネコヤマト）

ご注文 合計金額（税込）	1500円以上	手数料230円
	1500円未満	手数料230円＋送料300円

ご注文書籍名	冊数

弊社ＷＥＢサイトからもご意見、
ご感想の書き込みが可能です！

明日香出版社HP http://www.asuka-g.co.jp

愛読者カード　弊社ＷＥＢサイトからもご意見、ご感想の書き込みが可能です！

この本のタイトル					月　日頃ご購入
ふりがな お名前	性別	男 女	年齢		歳
ご住所　郵便番号（　　　）　電話（　　　） 都道 府県					
メールアドレス					

商品を購入する前にどんなことで悩んでいましたか?

何がきっかけでこの商品を知りましたか?　① 店頭で　② WEBで　③ 広告で

商品を知ってすぐに購入しましたか?しなかったとしたらなぜですか?

何が決め手となってこの商品を購入しましたか?

実際に読んでみていかがでしたか?

ご意見、ご感想をアスカのホームページで公開してもよいですか?
① 名前を出してよい　② イニシャルならよい　③ 出さないでほしい

①と②を選択していただき誠に有難うございます。
ホームページに いいね！ と twitter があります。
ぜひポチッをお願い致します。

●その他ご意見・出版して欲しいテーマなど

●感想をお聞かせ下さい
① 価格（高い・安い・ちょうど良い）　③ レイアウト（見にくい・見やすい）
② 装丁（悪い・良い・普通）　④ 総評（悪い・良い・普通）

＊ご記入いただいた個人情報は厳重に管理し、小社からのご案内や商品の発送以外の目的で使用することはありません。

週間レフト型の使い方例

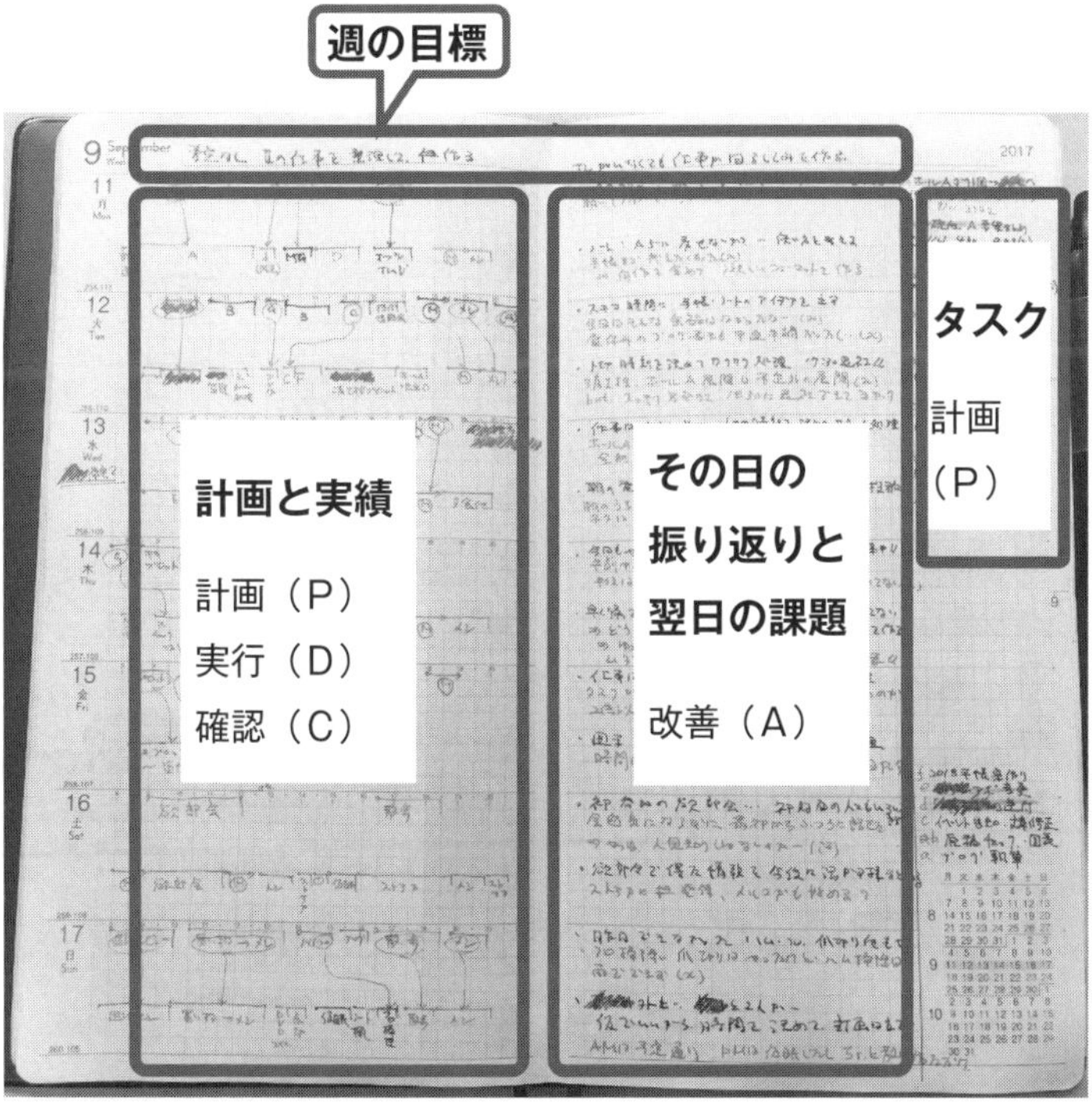

07 マンスリーで全体を見て、ウィークリーでタスク管理

ほとんどの手帳にマンスリーページは付属しています。

ウィークリーページでタスクもスケジュールも管理するのなら、マンスリーページは何に使うのか？

そんな疑問もあると思います。

マンスリーページは、1週間では終わらないタスクやプロジェクトの管理や、複数の仕事が同時進行しているときに使います。

マンスリーページに、それぞれの仕事でこの日までにここまでは当然やっておかなければならないという**マイルストーンを記入しておく**のです。

こうしておけば、すべての仕事の重要なマイルストーン（チェックポイント）が一覧できるため、どのあたりが忙しくなりそうなのかが、ぱっと見てわかります。だから、作業が重ならないように**バランスよくタスクが配分できるのです。**

マイルストーンの例

【企画書作成の例】

必要な項目を洗い出す
（付せんに書く）　20%

↓

その項目の順番を決める
（付せんを並び変える）　50%

↓

決めた順番で文章を書く
（全体を通して書いてみる）　70%

↓

企画書にまとめる
（書いた文章を読み通し、修正を入れる）　100%

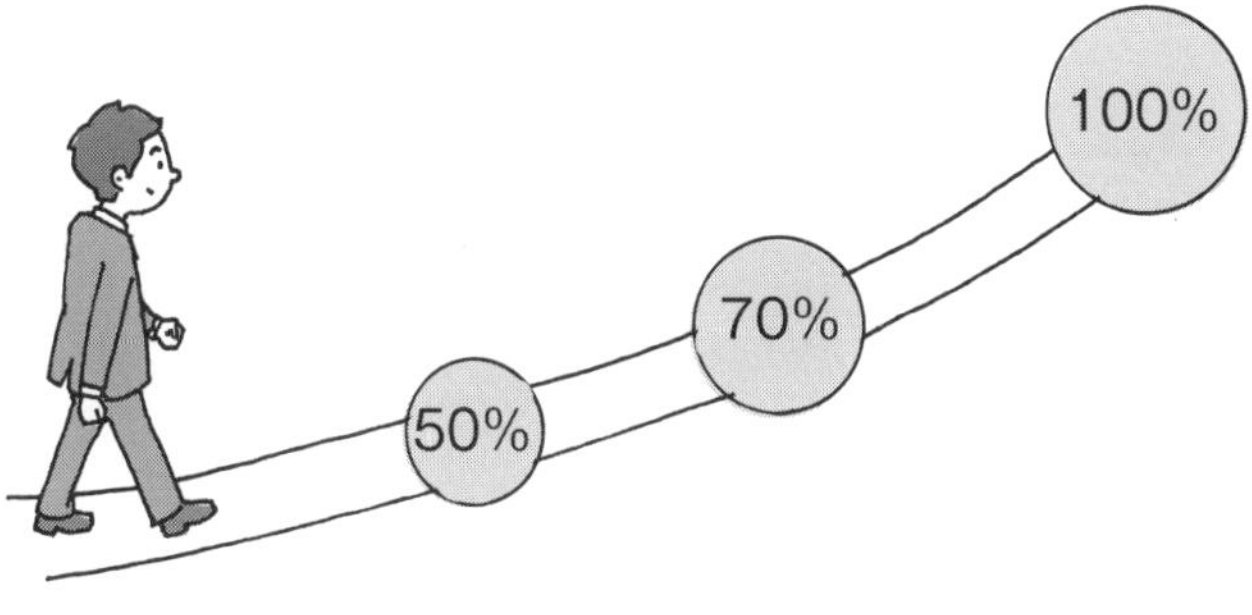

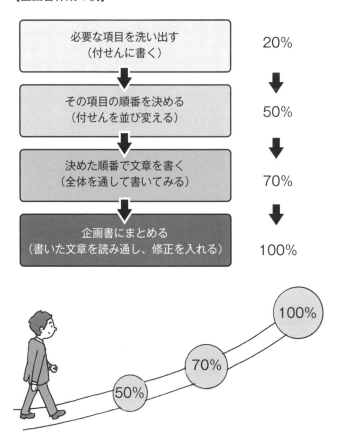

ここで、注意してもらいたいのは、これはあくまでもプロジェクトやタスクの重なりを把握したり、忙しくなりそうな時期を予測して、タスクを分散させるために使うものだということです。

タスク管理・スケジュール管理は従来どおりウィークリーページで行うようにしてください。

そのためにも、マンスリーページに書いた内容はウィークリーページにも転記します。そうすることで、全体が把握できるのに加えて、転記するときに再確認できモレを防ぐことができるのです。

複数のプロジェクトが同時進行して混乱しそうなときには、このようにマンスリーページとウィークリーページの両方を使って上手に整理・管理しましょう。

マンスリーで俯瞰しウィークリーで管理

① 重要な予定やイベントは目立つように赤い枠で囲う

② 準備や提出物がある場合には、予定の下に記入する

③ 前後の予定を考慮して、いつまでに、何をしなければならないか（マイルストーン）を記入する

④ マンスリーページを確認しながら、マイルストーンに設定したことを実行する予定をウィークリーページに予定として記入する

08 複数プロジェクトは「ガントチャート」で管理

複数のプロジェクトを管理する方法をもう1つ紹介します。

それが「ガントチャート」を使う方法です。マンスリーページではプロジェクトごとのチェックポイントだけを管理しましたが、ガントチャートではそこに至る工程まで管理できます。

ガントチャートは44ページで紹介しましたが、タスクと作業内容をバーで描くことで**プロジェクト全体の流れを把握することができます。**

また、ガントチャートは個人で複数のプロジェクトを管理するときだけでなく、複数のメンバーでとり組むプロジェクトでも使えます。

あなたにはこんな経験、ありませんか？

チームでとり組んでいたプロジェクトなのに、ひとりが遅れてしまったために全体が遅れてしまった、あるいは、同じような作業を複数の人がやってしまった……。

せっかく時間をかけたのに、これはもったいないですよね。

こういう事態にならないためにも、チームでとり組むプロジェクトの場合にはガントチャートを使うことをオススメします。

この場合は、担当者ごとにタスクと、それを処理するのに必要な期間をバーで記入します。

これを作っておけば、
・今、誰が何をしているのか？
・その作業はいつ終わるのか？
・次にどんな作業が待っているのか？
などを共有することができ、作業の進捗確認も容易にできます。

また、個人にタスクを割り当てるため、複数の人が同じ作業をしてしまうのを防ぐこともできます。

ガントチャートが付属した手帳は少ないですが、フォーマットはエクセルでも簡単に作れるので、自作して手帳に挟んでおくだけでも十分です。

複数プロジェクトの管理

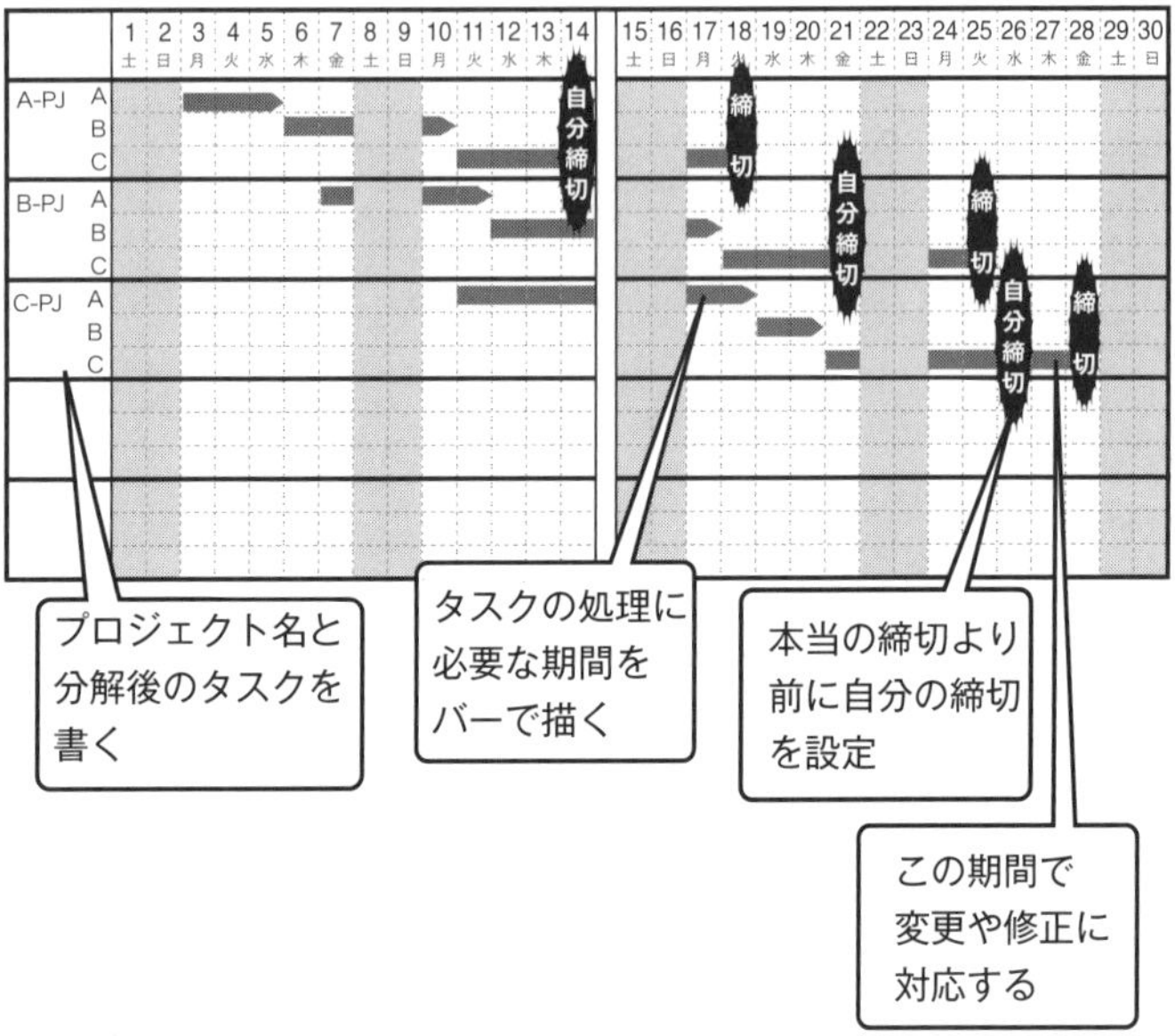

複数のプロジェクトを管理するときには、
項目欄にプロジェクト名と分解後のタスクを書き、
日付欄にはそのタスクを処理するのに必要な期間をバーで描く。
そうすることで、複数プロジェクトの流れと状況が把握でき、
タスクが重なって忙しくなりそうな時期がわかるので、
そのときになって慌てないように、事前に調整できる。

チームプロジェクトの管理

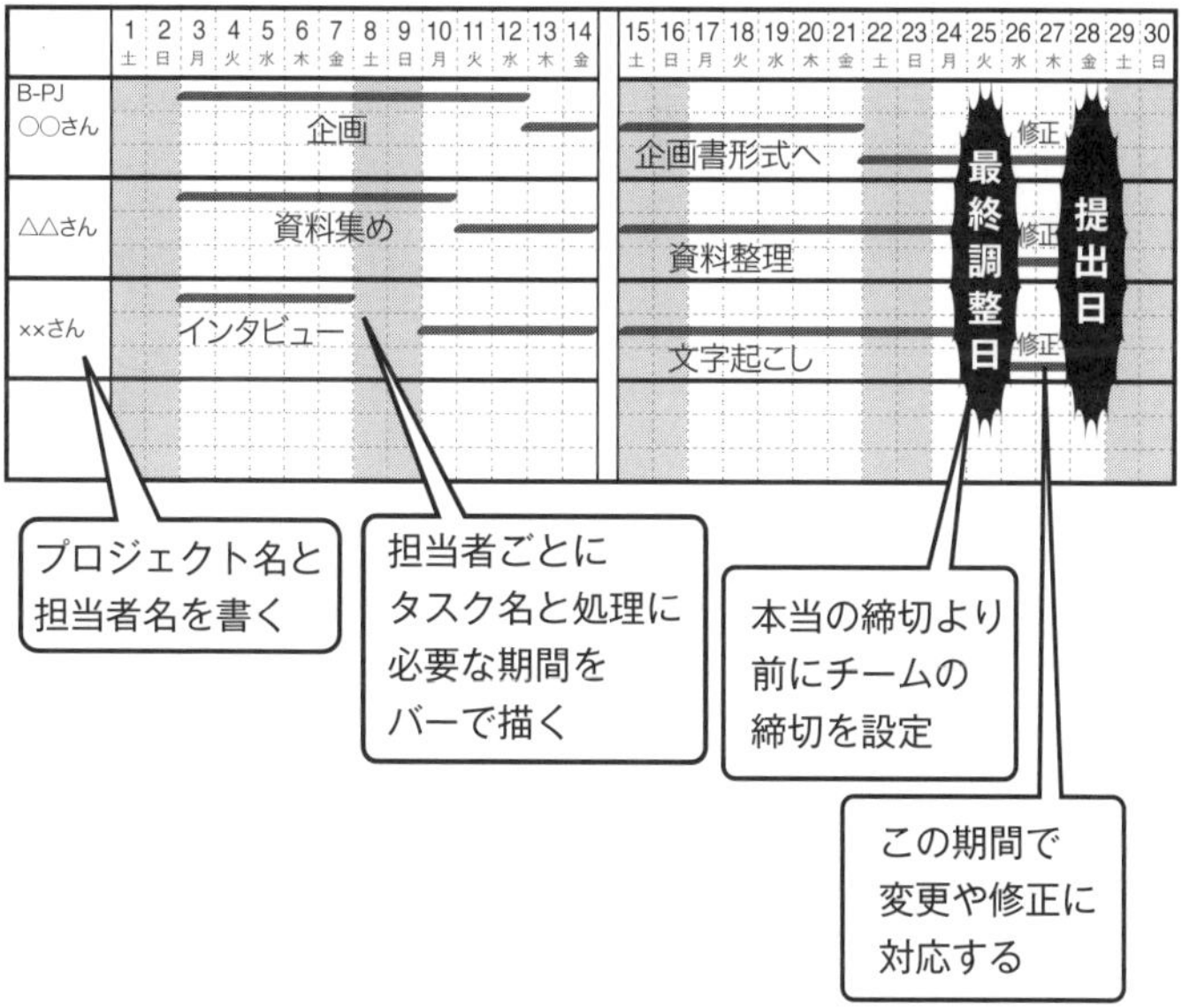

チームで行うプロジェクトを管理するときには、
項目欄にはプロジェクト名と担当者名を書き、
日付欄にはタスク名と処理するのに必要な期間をバーで描く。
そうすることで、プロジェクト全体の流れや、
各担当者の作業状況が把握できるとともに、
複数の人が同じ作業をしてしまったり、
誰も作業をしていないタスクが発生しないように調整できる。

09 手帳といっしょに使いたい便利グッズ

手帳は、それ単体でも便利に使えますが、ほかの文房具といっしょに使うと、より一層活用しやすくなります。ここからは、そんな手帳といっしょに使うと便利なグッズをいくつか紹介します。

●ペン（筆記用具）

手帳といっしょに使いたいグッズの筆頭はペンでしょう。というより、手帳は読むものではなく書き込むものだから、筆記用具とセットじゃないと、その機能を果たせませんからね。

その中で、私がオススメするのは消せるボールペン「フリクションボール４」です。予定はコロコロ変わるものですから、**いつ変わってもいいように、消せるペンがいい**と思っています。

「フリクションボール４」は標準で黒・赤・青・緑のインクが入っているので、仕事とプライベート、重要な用事などで色を使い分けることもできます。

私はこのペンを手帳に挟んで持ち歩いていますが、いつでもすぐに使えるように、職場と自宅のデスクやカバンの中にも入れています。

また、芯は標準の０・５㎜から０・３８㎜に差し替えて、手帳の狭いスペースにも小さな字で書けるようにしています。

ただし、フリクションペンで書いた文字は熱で消えてしまいます。夏場、外に止めた車の中に手帳を置いたままにしていたら真っ白になった、という人を何人も知っているので、そんなことにならないように注意してください。

フリクションボール４は
0.38mmのリフィルに
差し替えて使っている。

●付せん

ペンの次によく使うのは付せんです。付せんは大・中・小、さまざまなサイズと色のものを手帳に限らずノートやメモ帳にも貼りつけて持ち歩いています。

主な使い方は3つ。ひとつ目は**メモ帳代わり**、ふたつ目は**インデックス**、3つ目は**しおり代わり**に使います。

ひとつ目のメモ帳としての使い方ですが、私はメモを書く用には付せん以外にメモ帳も持ち歩いています。

タスクやアイデアなど、書いた場所を固定してもいいものはメモ帳に書いたあと、強粘着タイプのテープのりでノートに貼りつけます。

数日間にわたって参照し続けたいことは付せ

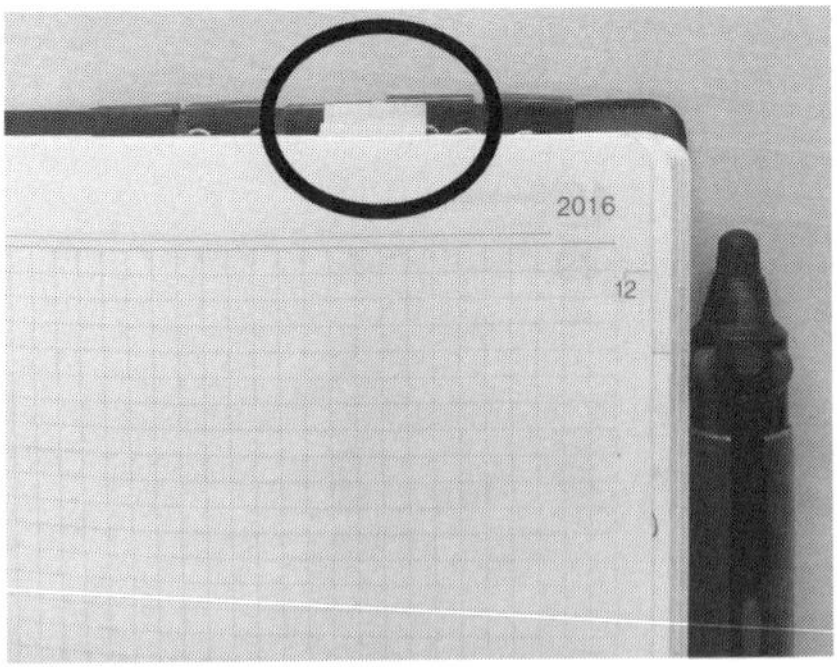

未処理のタスクが残っているページなど、よく参照するページは付せんを上に飛び出させる

んに書いて、すぐに見えるところに貼り替えます。

ふたつ目のインデックスとしては、未処理のタスクが書いてあるページなど、よく参照するページを一発で開くためのインデックスとしての使い方です。

この場合は手帳の上側に飛び出させます。

3つ目のしおり代わりとは、今使っているページをすぐ開くためのしおりとして使うということです。

私が使っている手帳には2本のしおり紐がついているのですが、1本はマンスリーページ、もう1本はウィークリーページに使っているため、ノートページ用が不足しているのです。

そこで、付せんを今使っているページの右下

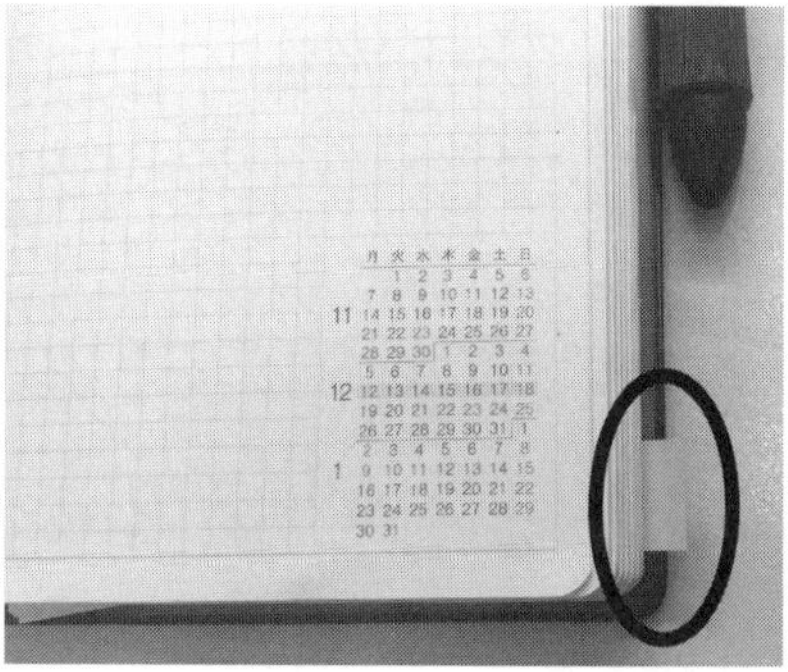

今使っているページをすぐに開くことができるように、
右下に付せんを飛び出させる

に飛び出させて貼ることでしおり代わりにしているのです。

これらは手帳に限らず、ノートでも同じ使い方ができます。

手帳やノートと付せんは非常に相性がいいので、ここで紹介した使い方以外にもいろいろと工夫してみてください。

●マスキングテープ

手帳やノートにいろいろな物を貼りつけることが多いので、マスキングテープも手帳に挟んで持ち歩いています。

「マスキングテープってロールじゃないの？

それをどうやって手帳に挟むの？」

と思われたかもしれませんね。

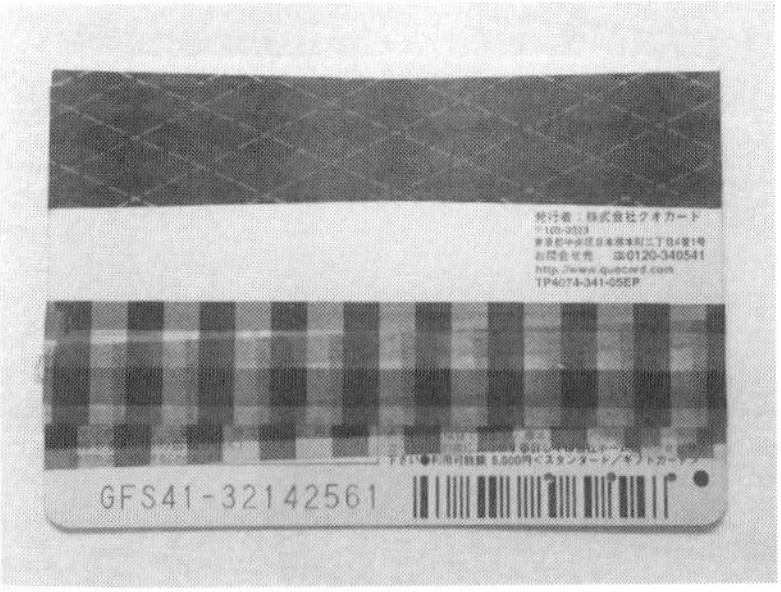

マスキングテープも使い終わったQUOカードに巻きつければ手帳に入れて持ち運べます

それは、使い終わったクオカードに巻きつけて持ち歩いているのです。1日に何メートルも使いませんので、こうしておけば、その日に使う分くらいは簡単に持ち歩けます。

また、前ページの写真は長手方向に2種類のマスキングテープを巻きつけています。テープの幅にもよりますが、短手方向なら、3、4種類を巻きつけることもできます。マスキングテープを持ち歩きたいけど、ロールのままではかさばるのがイヤだ、という方はぜひ試してください。便利ですよ。

●その他、手帳といっしょに持ち歩くと便利なもの

ここまでにご紹介したペン、付せん、マスキングテープ以外にも、私の手帳には、ゼムクリップ、ダブルクリップ、インデックスシール、名刺、絆創膏などが入っています。

私は1日に複数の社外打ち合わせに出席することもあるのですが、そこで配布された資料を打ち合わせごとにまとめるためにゼムクリップとダブルクリップを持ち歩いています。

使い分けについては、綴じる資料の枚数によります。5、6枚までならゼムクリップを使いますが、それ以上になるとダブルクリップを使います。

インデックスシールは、通常のインデックスとして使用する以外に、ノートの背表紙に使用開始日と終了日を書いて貼っています。

名刺入れも使っていますし、定期的に残り枚数をチェックして補充しているのですが、名刺入れを忘れたときや、万が一足りなくなった場合に備えて5枚程度、手帳にも入れています。

絆創膏は、紙で手を切ったり怪我をしたときのためですが、それ以外にも、筆圧が強い

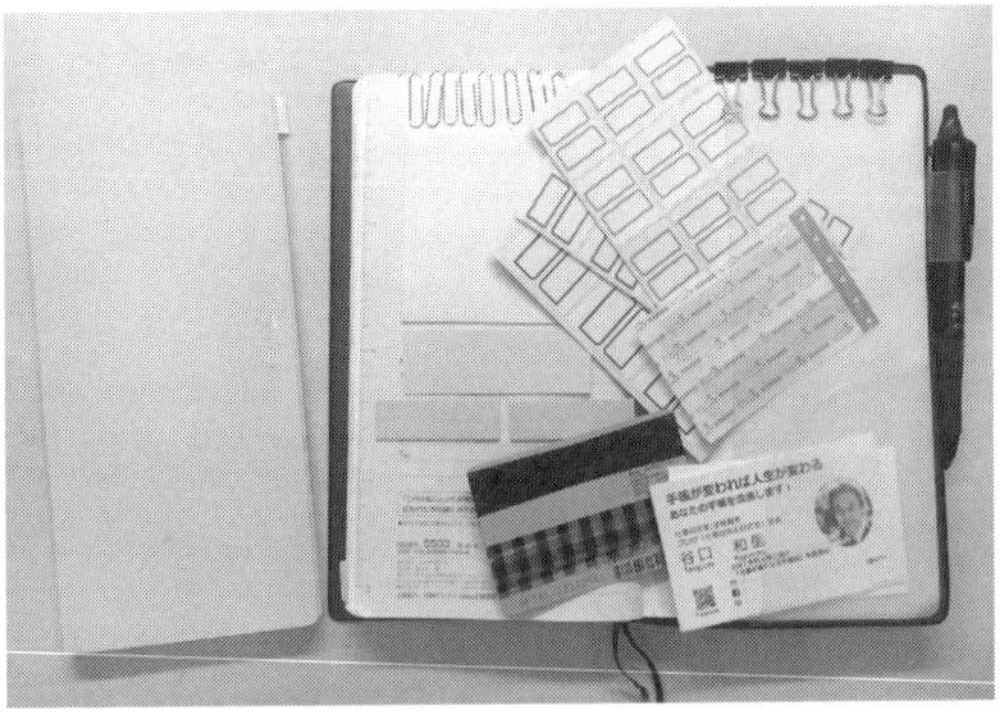

付せんやマスキングテープの他に、ゼムクリップ、ダブルクリップ、インデックスシール、名刺、絆創膏などを入れています

私は長時間手書きするとペンが当たる中指の先が痛くなるので、それを予防するために巻くこともあります。

ここで紹介した以外にも、はがきや切手を入れている人や、ポチ袋に数千円を入れている人、さらにその中に手帳を置き忘れたときのために送付先を書いて入れている人もいます。

何を持ち歩きたいのかは人それぞれですが、手帳といっしょに使う頻度が高いものは、外出先でもどこでもすぐに使えるように、いっしょに入れておいたほうが便利なので、自分の状況に合わせてやってみてください。

第5章

仕事が速い人の計画の立て方

01 仕事の速さは段取りで決まる

「段取り八分・仕事二分」とも言われるくらい、仕事を速く終わらせるには「段取り」、つまり**「計画」が重要**です。計画がしっかりしていれば、あとはそのとおりに実行するだけでうまくいきます。

したがって、この本でも振り返りや改善方法よりも、行動する前に知っておいてほしい考え方や段取り、計画に多くのページを割いています。

ちなみに、段取りの次に大事なのが「振り返り」です。振り返りをすることで解決しなければならない課題が見えてきます。

そして、その課題を「どうやって解決するのか?」を考えるのも、ある意味、計画であり段取りなのです。

計画を立て、実行し、振り返って、次の課題を出す。そしてまた課題を解決するための計画を立てる。これを何度も何度も繰り返すことで仕事が速くなり、精度も上がるのです。PDCAを回さない限り、いつまでたっても今のままで何も変わらないのです。

話が横道に逸れましたね。段取りに話を戻しましょう。


たとえば、あなたはこんな経験はありませんか？

ある人に聞きたいことがあって電話をかけたのだけれど、切ったあとで
「あっ、あのことを聞き忘れていた」

と思い出したことが。そして、

「何度もすみません。さっきの電話で聞けばよかったのですが……」

とお詫びをしたことが。


そのとき、相手が捕まればいいのですが、海外出張に行く飛行機に乗ってしまって

いて、しばらくは連絡がとれない、なんてことになったらどうするのでしょう？

そんなことにならないように、電話をする前には、「何を聞くのか？」を必ずメモしておくのです。

「そんな面倒くさいことをしなくても……」

と思われるかもしれませんが、その面倒くさいことをしなかったから、聞き忘れて、電話をかけ直してお詫びまで言わなければならないのです。

一度で済むことを二度三度やらなければならなくなる……。これは時間のムダ以外の何ものでもありません。

メモする時間がもったいない、ムダと思うかもしれませんが、メモしなかったことが原因で、もっと面倒くさいことになるかもしれません。そうなる可能性もわかっているから、仕事が速い人は、些細なことでもメモするのです。

「手帳やメモ・ノートは忘れるために使う」にも書きましたが、「これくらい大丈夫だろう」と思われるような些細なことこそ、メモすることを習慣にしましょう。

この例以外でも、急に予定が空いたときや、待ち合わせ場所に早く着いたとき、約束した相手が遅くなっているときなど、スキマ時間ができる可能性があるときには、そのときにできそうなことを準備しておく、これも段取りです。こんなことが起きたら何をするのか、そのときにできることを準備しておくから時間をムダにすることがなくなるのです。

これから詳しく紹介しますが、仕事にとりかかる前に、どういう順番で進めるのかを計画するのも段取りです。多少時間をかけてでも、しっかり準備をすれば、手戻りなく最短距離で進められるから、仕事が速くなるのです。

すぐに反応して作業を始めたり、行き当たりばったりで仕事をしていませんか？

今すぐそれを卒業して、しっかりと計画を立ててから進めるようにしてください。

02 スケジュールで最初に決めるのは退社時間

あなたは、仕事にとりかかる前に「今日は○時に帰る」と決めていますか？　それとも、終業後に予定があるとき以外は退社時間は決めずに、仕事の区切りがついたら退社することにしていますか？

あるいは、以前の私が「今日も23時になったし、そろそろ帰ろう」と言っていたように、毎日同じ時間まで残業をしていますか？

はっきり言いましょう。退社時刻を決めて、その時刻に帰らないから残業が減らないのです。仕事が速くならないのです。

「残業を減らして早く帰りたい」と思うのならば、最初に決めるべきは「退社時刻」です。**退社時刻を決めないから、ズルズルと仕事をしてしまう**のです。

先ほども紹介した「パーキンソンの第1法則」どおりで、「仕事の量が、完成のために与えられた時間をすべて満たすまで膨張」しているだけ、与えられた時間に合わせて自分の仕事量を決めているだけなのです。

毎晩８時、９時まで残業しているのに、飲み会や合コン、デートの予定が入っている日は６時に退社しますよね？

だからといって、仕事量を減らしたわけではなく、普段と変わらない量の仕事を処理しているといった経験ありませんか？

「パーキンソンの第一法則」とは、こういうことなのです。

だから、退社時刻を設定して、「なんとしてでもその時間に帰る」と決めれば、

「どうすれば、その時間までに終わらせることができるだろうか？」
「やらなくていい仕事はないだろうか？」
「もっと早く仕上げる方法はないか？」

など、今までスルーしていたひとつひとつの作業や手順を見直すきっかけになるのです。

それでも「もし退社時間までに終わらなかったらどうするのか？」という疑問が出

てくるかもしれません。

そのときに終わるまで残業してしまうと、これまでと何も変わりません。仕事が速くなることも残業が減ることもありません。

決めた退社時刻までに終わらなかったら……。

そのときは、翌朝早く出勤してやるのです。まわりの人が出社する前の朝の時間帯は、休日出勤したときと同様に、人に声をかけられることも、電話がかかってくることも、メールが届くこともありません。他人に邪魔されることがないのです。

それに、前日の残務だから早く終らせたいという気持ちが働きますし、頭もすっきりしていて集中して仕事にとり組めるため、生産性が高まります。

朝と夜ではどれくらい効率が違うのか、一度試してみてください。きっと、「こんなに短時間で終わるんだ！」と実感できるはずです。

最初に退社時間を決める

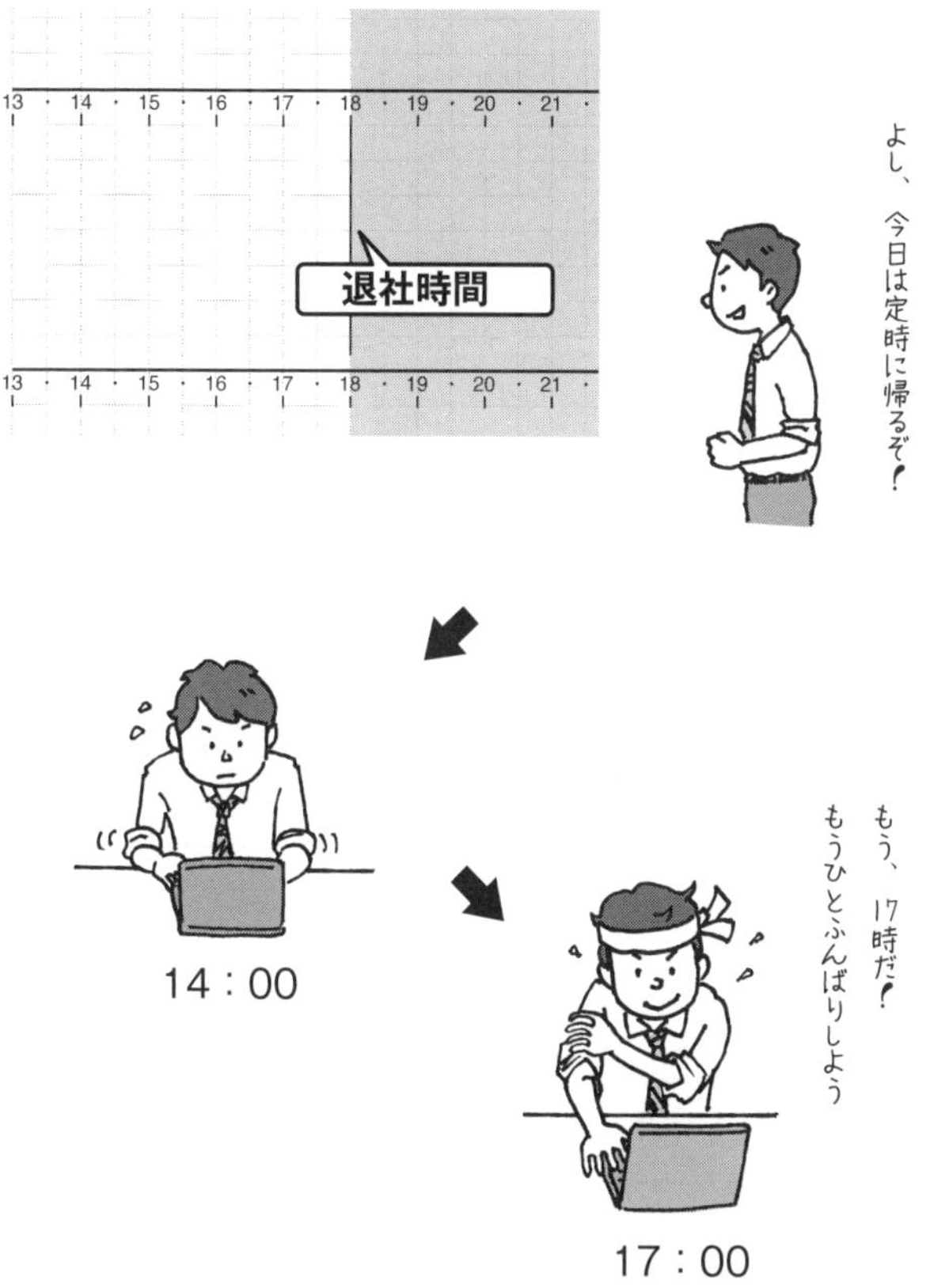

生産性が高まります！

03

仮の予定もどんどん入れる

仕事を速くするために必要なことは、自分の都合に合わせて予定を入れることです。「そんなことを言っても、相手の都合もあるから、自分に合わせてもらうことはできない」という意見もあるでしょう。たしかにそのとおりです。

しかし、たとえば忙しい相手に面談をお願いして時間をとってもらうときでも、「Aか、Bか、Cのどこかでお時間をいただくことは可能でしょうか？」と、自分から複数の候補日時を伝えることはできます。

その際、お願いした日時に他の予定が入らないように、**仮の予定として手帳に記入して、その時間帯をブロックしておきましょう。**せっかく、先方が時間をとってくれたのに、うっかりその時間に別の予定を入れてしまっては、相手に失礼ですからね。

また、このお願いは、一見、受け身のように感じるかもしれませんが、候補日を挙げたのはこちらですから、予定をコントロールしているのも自分なのです。

候補日は先にブロック

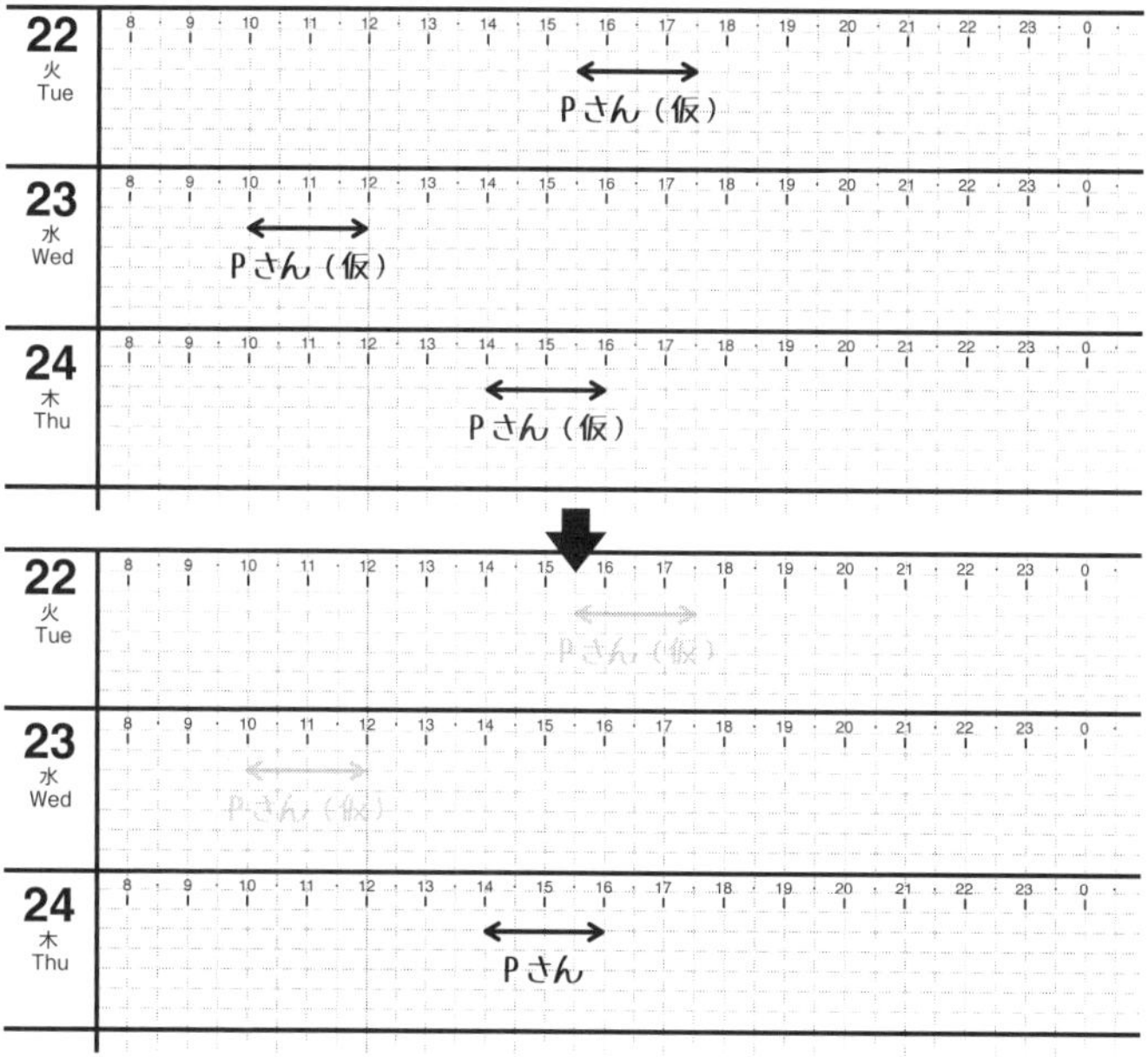

日程が正式に決まったら、それ以外の日の予定は消す

04

理想的な1日の過ごし方を書いてみる

あなたは毎日、自分が満足できる1日を過ごしていますか?

もし、今の生活に満足していないのなら、仕事だけではなく仕事とプライベートが両立した、あなたにとっての**理想的な1日の過ごし方**を書いてみましょう。

それは、手帳の最初のほう（週間スケジュールの使わないページ）に書くといいでしょう。何時に起きて何時に寝るのか、何時に家を出るのか、出勤までの時間に何をするのか、何時に退社するのかなど、できるだけ具体的に書いてください。

また、仕事がある日だけではなく、休日版も同じように作ります。起きてから寝るまでの間に何をするのか、何をしたいのか、自分が望む1日を作ってください。

もしかすると、休日のほうが自由な時間が長い分、何をしていいのか、わからなくて書けないかもしれません。それでもいいので、まずは作ってみましょう。そして、これがやりたい、やってみたい、ということが現れたときに修正すればいいのです。

理想的な１日の過ごし方

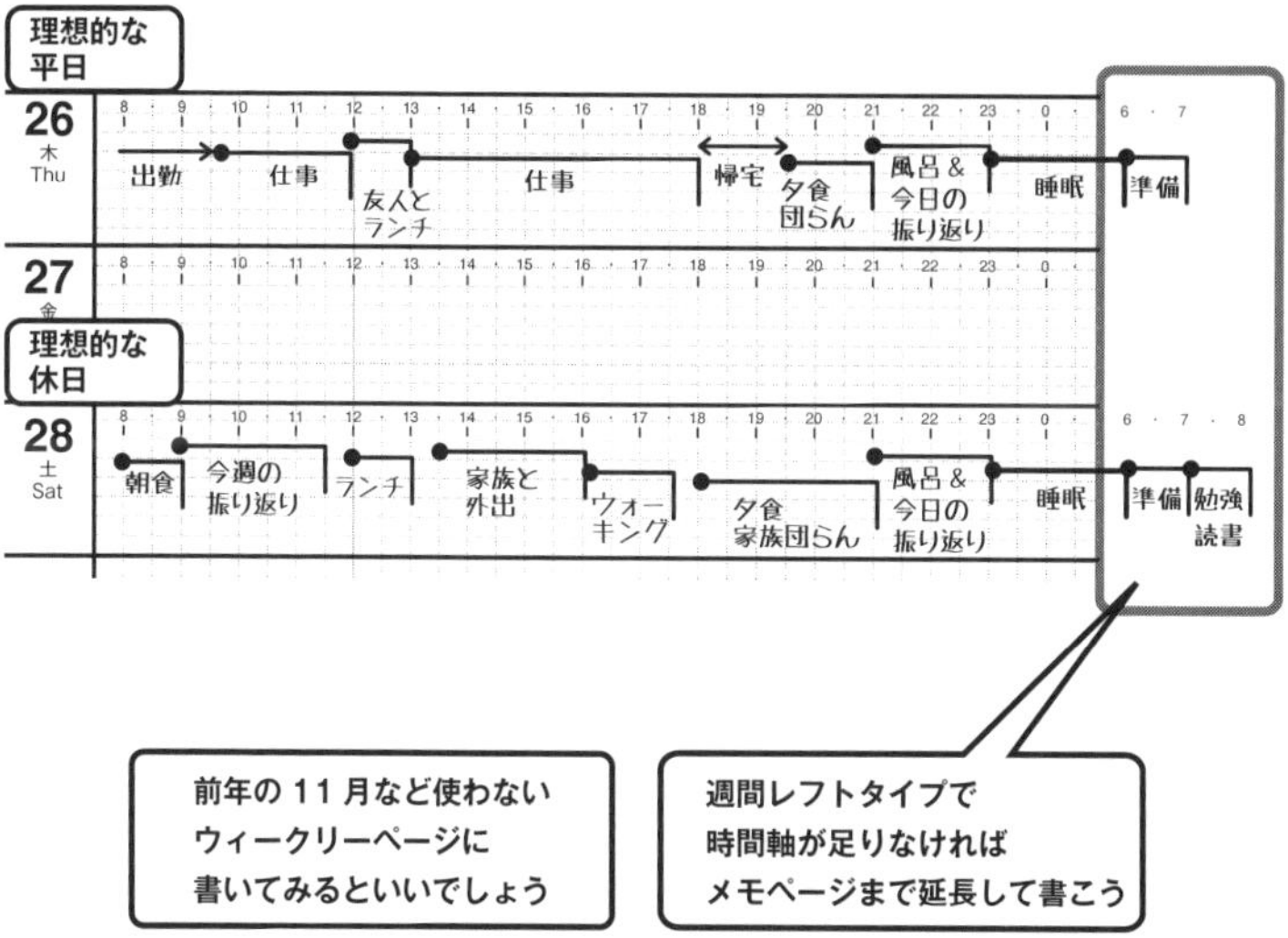

週間レフトタイプは時間軸に限りがあるため、
起きてから寝るまで書けないかもしれません。
その場合には、右側のメモページまで時間軸を延ばして書きましょう。
理想の平日を木曜日に、理想の休日を土曜日に書いておけば、
金曜日に実際の平日を、日曜日に実際の休日を書くことで、
理想と現実を比較することもできる。

05

24時間の使い方を記録する

理想の時間割ができたら、次は現実を見てみましょう。見たくない人もいるかもしれませんが、ダイエットを始めるときにいちばん最初にやらなければならないことは、体重計にのって今の体重を知ることです。**現実から目を背けていては何も改善できません。**見たくない部分だからこそ、しっかり直視しましょう。

やることは簡単です。何時から何時まで何をしたのかをすべてノートに書くだけです。ねっ、簡単でしょ？（笑）

と言っても、机に座っているときは記録できても、外出していると書けないことも多いです。そんなときは、メモ帳に書いておき、あとでノートに転記します。メモができないときにはあとで思い出せるだけ思い出して書いてください。

実は、これをやるだけで、時間の使い方が大きく変わります。

ベストセラーとなったので、読んだ方もいらっしゃると思いますが、『いつまでもデブと思うなよ』（岡田斗司夫：著　新潮新書）という本があります。その中で「レコーディング・ダイエット」という方法が提唱されています。これは、食事制限するのではなく、ただ食べた物を記録するだけでダイエットできる、というところがポイントでした。

記録することで、それまで無意識にやっていた「太るための行動」に気づいて、自然とその行動を避けるようになるから、ダイエットに効果的だったのです。

「時短」や「仕事効率化」は、言い換えれば、「時間のダイエット」ですから、これと同じです。「記録する」と決めると、観てもいないテレビの前に長時間座っていることや、ダラダラネットサーフィン、長時間のゲームなど、**自分で好ましくないと思っている行動は確実に減ります。**

だって、そんな行動をしていることを記録したくはないですよね？

家計簿をつけると無駄遣いが減るのも、これと同じ理由です。

あなたも身に覚えがありませんか？

普段は遅くまでお酒を飲んでいるのに、健康診断の前日は禁酒をしたことが。これが人間ドックになると、１週間ぐらい前から節制した生活をしたりしませんか？

よく考えれば、全然日常のままの生活ではないのですが、人って、そんなものなのです。目に見える形として現れるとわかっていると、少しでもいい点をとりたくなるのです。


私はもう何年も24時間・３６５日、自分のすべての行動を記録しています。

何か面倒に感じるかもしれませんが、記録することにかける時間よりも、無駄な行動を抑制する効果のほうがはるかに大きいことを実感しているからです。あなたも一度とり入れてみてはいかがでしょうか？

06 自分だけの時間割を作る

あなたは小学生のときから、最強の時間管理ツールを使っていたという認識がありますか？

小学生のときのことを思い出してみてください。
「今日は2時限目の国語が予想以上に長引いた。40分で終わると思っていたのに90分もかかってしまったから、後ろの予定が押せ押せになって帰る時間が遅くなってしまった」
ということは一度もありませんよね？

では、なぜ授業はちゃんと時間通りに終わるのでしょうか？
それは**「時間割」**があるからです。

下記の図を見てください。

今思えば、規則正しい生活をしていましたよね？

学生時代にこんなに規則正しい生活ができるためのツールである「時間割」を使っていたのだから、社会人の私たちが使わない手はありません。

「時間管理が上手くなりたい、残業しないで早く帰れるようになりたい」

そう思うのであれば、自分だけの時間割を作ってみましょう。

やり方は簡単です。時間軸が入った手帳があれば、バーチカル型でもレフト型でも、1日1ページ型でもできます。

優先順位のつけ方など詳細はこのあと紹介しますが、

時間割表

	月	火	水	木	金	土
1	国語	音楽	算数	理科	社会	国語
2	体育	理科	国語	算数	算数	体育
3	図工	社会	理科	国語	音楽	理科
4	理科	国語	体育	社会	国語	算数
5	算数	家庭科	社会	学級会	図工	
6			音楽			

時間割があるから、
授業は時間どおりに
終わるのです

これは仕事も同じ！

まずは、見よう見まねで作ってみましょう。

おそらくあなたも、会議やプレゼンなど、他の人との約束は手帳に記入していることでしょう。では、それ以外の時間帯に何か記入していますか？

多くの人が、他人との約束を除くと、記入欄が空白になっています。

時間割を作るとは、この空いている（ように見える）時間帯に自分の行動予定を記入する。たったこれだけのことなのです。

これをやっておくと、**「さて、何をしよう？」と考える必要がなくなります。**

また、先ほど「パーキンソンの第1法則」を紹介したように、人は締切があると守りたくなるので、ダラダラせずに**集中して作業するようになります。**

さらに、自分で決めた時間内に終わらせることができると、「やった！　できた！」という、**達成感、満足感を味わうことができます**ので、自然とまたやりたくなるという好循環が起きます。

おそらく最初のうちは自分が決めた時間内に終わらなかったり、逆に早く終わってしまったりすることがあるでしょう。

しかし、できなかったからダメだとは思わないでください。

勉強だって、最初から満点がとれるわけではありません。テストで間違えた問題は何度も解き直す、つまり、振り返りをすることで解けるようになるのです。

自分で作った時間割どおりに行動できるかどうか、決めた時間内で終わらせることができるかどうかも、勉強と同じです。できなかった部分は改善していけばいいだけです。

振り返りや改善方法も次章で詳しく紹介しますので、今の時点では
「自分に必要な時間が正確にわかっていないだけ、これから改善していけばいい」

と、思っておいてください。

自分の時間割を作る

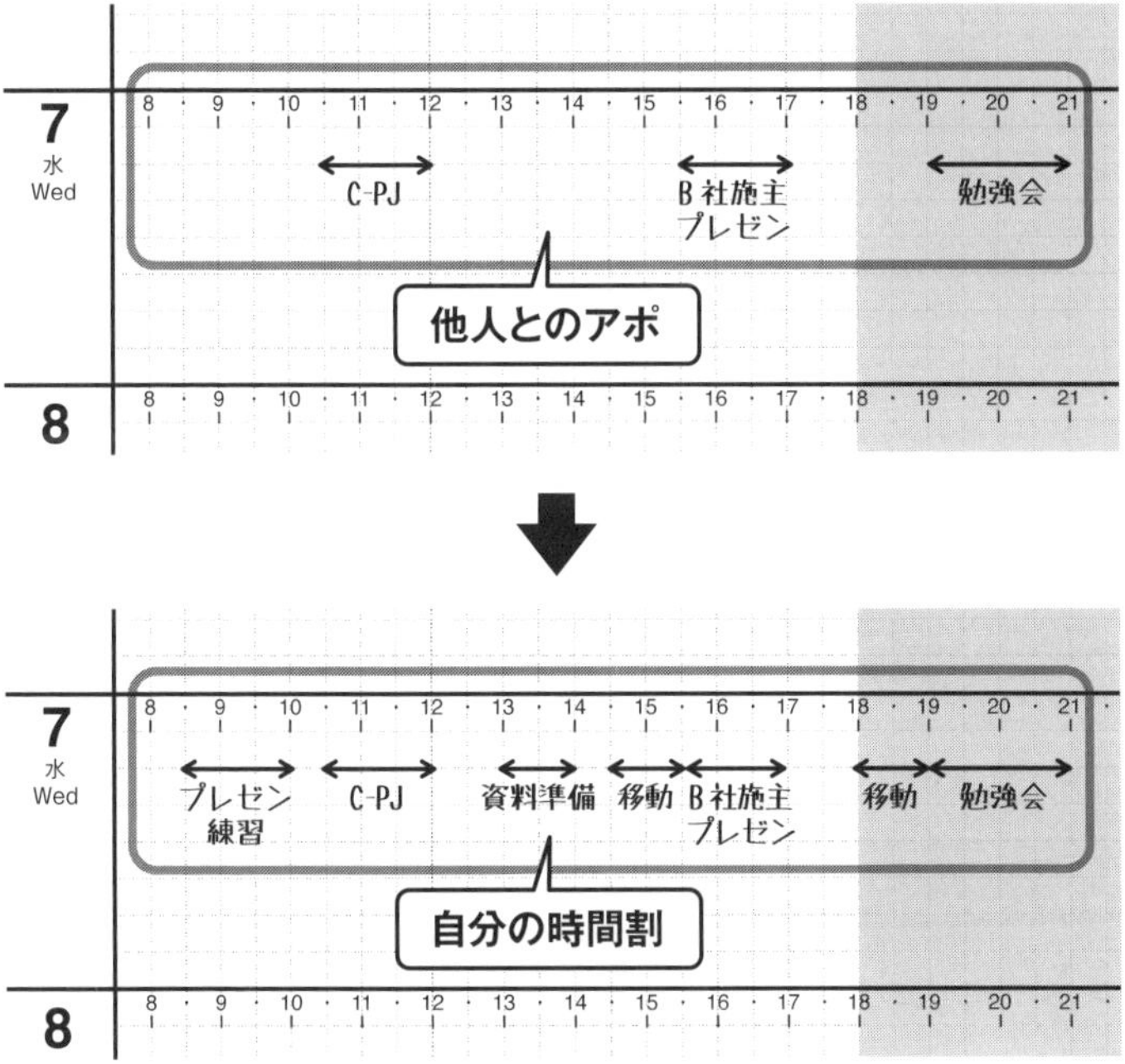

他人とのアポが入っていない時間帯に
自分の行動予定を入れて時間割を作る

他人とのアポと自分の行動予定は
色を変えて書くと区別しやすい！

07 優先順位のつけ方

時間割を作る前に、何をどういう順番でするのかを決めておく必要があります。ここでは効率よく作業を進めるのに効果的な優先順位のつけ方を紹介します。

最優先でとり組みたいことは**「他人が関わる仕事」**です。

パスを出す相手の能力や、他の予定の有無など、その人のことを全部把握することはできません。

また、最後まで自分で仕上げる仕事ならば、徹夜してでもやり切ることができますが、それを他人に期待することはできません。ですから、相手に十分な時間を与えるためにも、他人に仕事を任せるときは早め早めに渡すようにしましょう。

「この仕事も、もう少し時間があったら○○さんにお願いできたのに、今からでは、もう、お願いできない。自分でやるしかないなぁ」

こう思ったことはありませんか？

そんなことにならないためにも、最初に人にパスを出す仕事にとりかかります。

「他人が関わる仕事」の次にとり組みたいのが、**「締切が近い仕事」**です。

これは説明するまでもありませんが、仕事において**締切とは必ず守らなければならないもの**です。

ほとんどの人が「そんなのあたりまえでしょ」と思いますが、でもいますよね？

「間に合いそうにないので、1日だけ延ばしてもらえませんか？」と言ってくる人が。

事前に連絡してくれればまだいい方で、約束の日時を過ぎても連絡がないから、こちらから連絡すると、「今やっていますが、あと2日はかかりそうです」と言ってくる人もいます。

こんなことを繰り返していると、信用も信頼も失います。サラリーマンならまだしも、個人でやっている人は、次の仕事がくることはないと思ったほうがいいかもしれません。

仕事の期限は絶対に守るべきもの。新幹線や飛行機で、発車時刻に間に合わなければ乗れないのと同じなのです。仕事もそれくらいの気持ちでとり組んでください。

「締切が近い仕事」の次は**「緊急ではないけれど重要な仕事」**です。

本当は、これを最優先にしたいのですが、今抱えている緊急な仕事が片づく前にこちらに手をつけてしまうと、それこそ期限が守れなくなります。

したがって、あえて3番目にしました。

緊急な仕事も締切間近な仕事も、もともとは緊急ではなかったはずです。原因はあなたではなく、あなたにパスを出した人かもしれませんが、「まだ時間があるから」と、**先延ばしにした結果、緊急な仕事になってしまった**のです。

そのような状態にならないようにするためにも、できれば2割から3割、1日の勤務時間が8時間だとすると、1時間半から2時間半くらいは、「緊急ではないけれど重要な仕事」を入れてみてください。緊急な仕事で手がいっぱいなときでも、30分でも入れるように努力してください。これを2～3週間続ければ、緊急な仕事が減り、時間に追われなくなりますので、落ち着いて仕事ができるようになります。

優先順位のつけ方・考え方

優先順位 NO.1　他人が関わる仕事

優先順位 NO.2　締切が近い仕事

優先順位 NO.3　緊急ではないけれど重要な仕事

↓

とりかかりが遅いと
あとでバタバタする

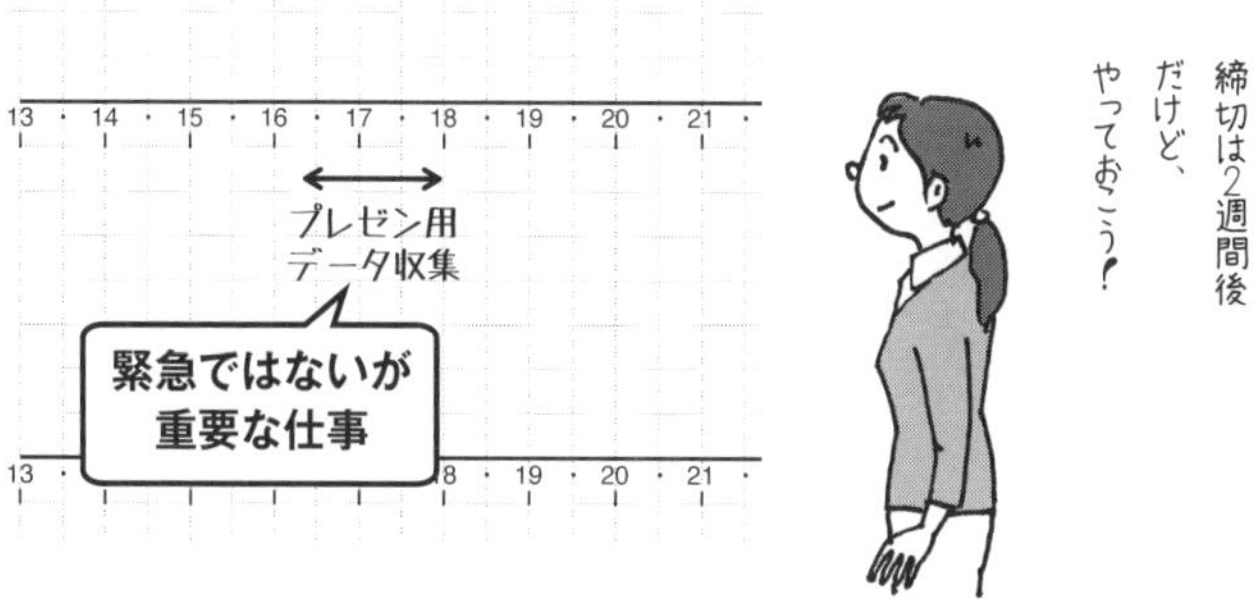

08

小さなタスクはまとめて処理

あなたも毎日、数分で終わる簡単なことから、数日・数週間、場合によっては数か月もかかるような大きなことまで、さまざまなタスクを抱えていると思います。

その中から、数分で終わるような小さなタスク、たとえば誰かに電話をする、メールを書いて送る、書類を読む、などの作業は空いた時間にまとめて処理しましょう。

・メールや書類の修正といった文章を読んだり書いたりする作業
・エクセルでの集計やグラフ作成
・ホームページやプレゼンテーション資料に使うための画像収集

など、似た作業はまとめて行ったほうが脳の機能上も効率がいいと言われています。

5分でメールを書いて、10分だけ表計算して、5分画像検索する、とバラバラな作業をするのではなく、文章なら文章、計算なら計算、検索なら検索を続けてできないかを考えてみてください。

また、書類を印刷するときも、ファイルを開いて印刷してとりに行って、また別のファイルを開いて印刷してとりに行って……を繰り返すより、必要なファイルをまとめて印刷してからとりに行ったほうが、移動時間も短縮できます。

順番を入れ替えるだけで効率が上がるのだから、**「似た作業はまとめられないか?」**を考えながらスケジュールを立ててください。

似た作業をまとめた例

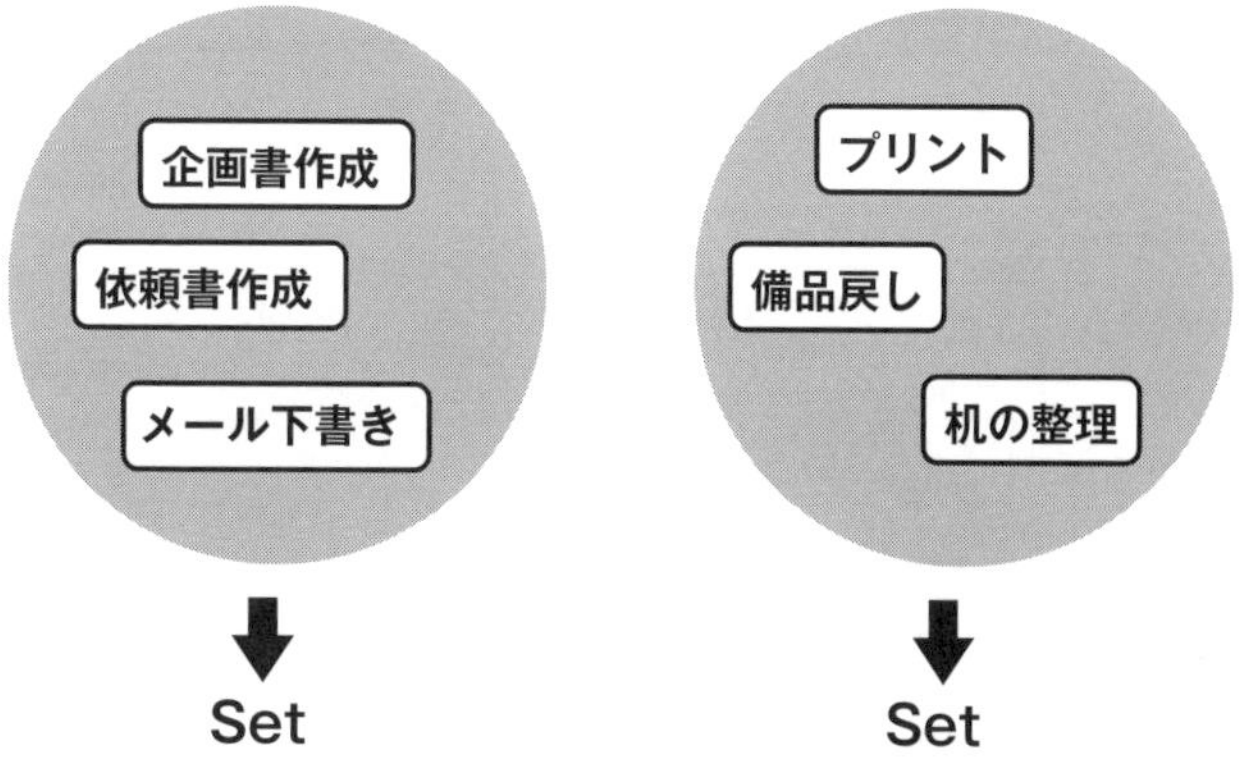

09

予備の時間（バッファ）を持つ

バッファとは「緩衝材」とか「余裕」という意味です。

仕事に限らず計画や予定とは思い通りに進まないものです。そのため、予定を立てる際にも最初から突発的なことが起きることを考慮して、少し余裕を持たせておくことが大切です。ぎちぎちに詰め込まないようにしましょう。

たとえば、予定を立てる際に、Aというタスクと次のBというタスクの間には30分の空き時間を作ったり、普通なら30分で移動できるところでも、45分見込んでおいたりするのです。

こうしておけば、30分で終わるような仕事であれば、急に依頼されても、バッファとしてとっていた時間内で処理することができます。公共交通機関も遅れることがありますが、それでも約束の時間には間に合います。

もし、何事も起こらず予定通りに進んだ場合には、次に予定していたタスクを繰り上げて始めてもいいし、次のタスクを開始するまでの空いた時間で完了できるタスクを処理してもかまいません。

訪問先に早く着いたときには、あらかじめ用意していたことに着手します。

たとえば、会議の資料を事前チェックしたり、その他の書類を読んだりする時間に充てるのです。その必要がなければ、プライベートの本や雑誌を読んでも待ち時間なので怒られることはないでしょう。

そのためには、このようなスキマ時間が活かせるように、事前に準備しておくことが必要です。

予備の時間（バッファ）を入れる

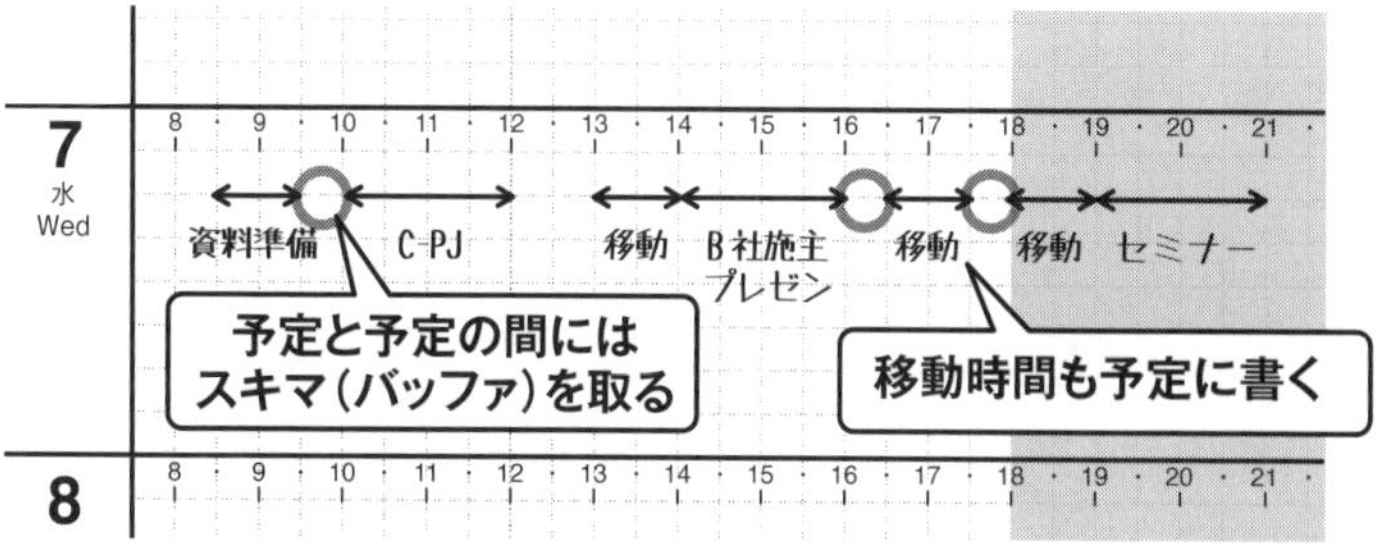

10 手帳は常に開いて机に置いておく

手帳にひとつひとつのタスクに優先順位をつけて「今日1日の行動計画＝時間割」を書いておけば、一日で**「今、自分が何をしなければならないのか、これが終わったら次は何をするのか？」**がわかる状態になっています。

これって、何かに似ていると思いませんか？

私は〝カーナビみたい〟と思っているのですが、どうでしょう？

カーナビは「ここから次の目的地までは○キロメートル、予想到着時刻は○時」と教えてくれます。今日1日も手帳に書いたとおりに進めば、予定終了時刻にはきちんと終わります。

しかし、ドライブに渋滞はつきもの。渋滞にはまったら到着も遅れます。また、道路工事をしていて迂回しなければならない場合もあります。

仕事の予定もこれと同じです。「1時間で終わるだろう」と思ったことでも、予想以上に時間がかかってしまうこともあれば、お客様や上司から急な仕事を頼まれてやらなければならないこともあります。

そんなことになっても軌道修正してくれるのが、カーナビであり手帳なのです。

ところで、あなたは目的地をカーナビにセットしたあと、どうしますか？

ルート確認のため、運転中もときどきナビを見るはずです。時間割を書いた手帳も同じように使います。つまり、**机で作業をしている間は、いつでも手帳を見られるように開いたままにして置いておく**のです。手帳を見るのが面倒くさいという人は、閉じるから、開くのが面倒なのです。だから、「開く」手間を省くために常に開いておきましょう。

こう言うと、「開いたままにしていたら、他の人に見られてしまうのでは？」と心配する人もいます。

では、手帳を開いたままにすると、本当に誰かに見られるのでしょうか？

もし逆の立場だったら、あなたは他の人の手帳をまじまじと覗きますか？

そんなことはしませんよね。人って、自分が思うほど他人のことは気にしていないのです。そんなエピソードをひとつ紹介しましょう。

あるお婆さんが、お孫さんの結婚式に出席したとき、親戚一同集まって集合写真を撮ったときの話です。お婆さんは出来上がってきた写真を見て「あら、私は目をつぶってるし、変な顔だわ」と言ったらしいのです。でも、その写真を見た他の人は誰もそのことには気づかなかった……。

思い出してみてください。大勢で写真を撮ったとき、あなたは真っ先に誰を探しますか？　きっと自分ですよね？

先ほどのお婆さんも、主役である花嫁、孫娘よりも先に自分を探して見ていたのです。人って、それくらい自分のことは気になるけど、他人のことは気にしないものなのです。

それでも、他の人の目が気になるという方は、125ページで紹介したように自分だけの記号を使って書いてください。そして、すぐに予定を確認できるように、開いたままにしてください。そうすれば、見るのも、書くのもすぐにできます。

手帳を開く習慣が身につかない、予定が入っても、書き忘れてしまう、という方は開いたまま机に置いておくことを習慣にすることから始めてみましょう。

手帳の置き方

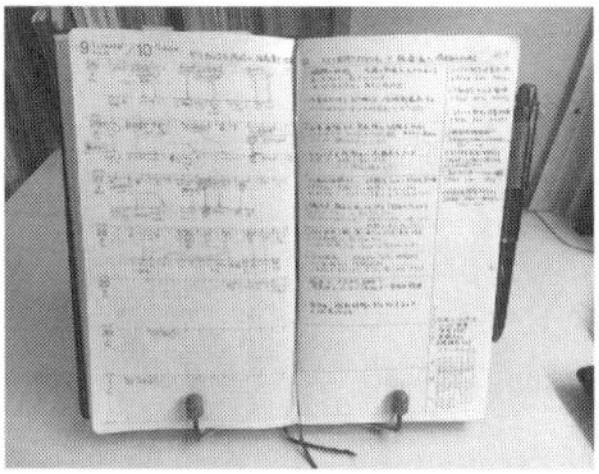

ブックスタンドを使って
手帳は常に開いて
机に置く

11 それでもやる気が出ないときは……

だれだって、「いつでも元気ハツラツ、何でもござれ」という状態でいられるわけではありません。

今日中にやらなければならないことを整理し、優先順位をつけて時間割を作っても、やはり、やる気にならないときもあります。もちろん、私にだってあります。

しかし、やる気が出ないからといって、何もしないわけにはいきません。

では、どうすれば、そんなときにでも、必要最低限のことができるのか、その方法もご紹介しておきます。

① とりあえず5分だけやってみる

やる気が出ないときに、これは少しハードルが高いかもしれませんが、「とりあえず5分だけ」やってみてください。

やってみるとわかりますが、本当に5分で止めたくなることはほとんどなく、30分から1時間くらいやってしまうことも度々あります。

もし、5分たっても、やっぱり気分が乗らないのなら、その作業は止めて、他の作業にとりかかってもいい、そんな気持ちで、まずは始めてみましょう。

②すぐに終わる仕事をやってみる

「とりあえず5分」の効果がなかったときや、5分だけでもやる気になれないときは、メールを読む、メールを1本書く、電話をかける、など2～3分で終わる仕事を片づけてしまいましょう。

仕事をひとつ終わらせると気分が乗ってきて、次の仕事にとりかかりやすくなるものです。

③頭を使わない単純作業をやってみる

やりたくない理由は、考えたくない、頭を使いたくないのかもしれません。

そんなときには経費や交通費の精算、書類の整理など、何も考えずにできる単純作業から始めてみましょう。そのうちに頭が冴えてきて、別の複雑な作業にとり組めるようになります。

④ やりたいことをやってみる

すぐに終わる仕事も、頭を使わない単純作業もないのなら、優先順位も緊急度や重要度も、時間割も無視して、自分がいちばんやりたいことを優先してやってみましょう。

そうすることで、気分が乗ってきて、本来やらなければならない仕事にもスムーズに移ることができます。

以上、どうしてもやる気になれないときでもできそうなことを書きましたが、これらに共通することは、**どんなことでもいいから、行動に移す**ということ。それは、人は止まった状態から動き始めるときがいちばんエネルギーを使うからです。

だから、やる気が出ないときは、どんなことでもいいので、できることをやる。そうすると、やっているうちに気分が乗ってきて、次々と仕事ができるようになるのです。

「面倒くさいなあ。どうしようかなあ、やりたくないなあ」とぐだぐだ考えていても一歩も前に進みません。**迷う、悩む、考えるのは時間の無駄**です。

どんなことでもいいから、とにかくやり始める。そして、なるべく早く1つの仕事を終わらせる。そんな気持ちで仕事にとりかかってみてください。その作業がウォーミングアップになり、ついさっきまで「面倒くさい」と思っていたのがウソのように集中して仕事ができるようになります。

そういう状態になってから、手帳に書いた時間割に戻ればいいのです。少しぐらい寄り道や遠回りをしても大丈夫です。今日のゴールまでの手順は手帳が案内してくれるので、安心して寄り道しましょう。

第６章

仕事が速い人の改善方法

01 手帳に書くのは予定だけではない

スケジュール管理用の手帳に予定を書かない人はいませんが、予定しか書かないのはもったいないです。仕事を速くするためには、**行動した結果も書く必要があります。予定と結果を比較して改善点を見つける必要があるから**です。

結果の書き方は、レフト型の場合は予定の下、バーチカル型の場合は右に予定と並べて書きます。このとき、予定と結果は色を変えて書くと区別しやすいです。

ちなみに私は結果を書くときにも、成果が出たことや未来につながることをしたときには赤、それ以外の作業程度の内容だった時間帯は黒で書いて、その行動の成果の有無が見ただけでわかるようにしています。

予定と結果を並べて書くことで、計画通りにできたのか、できなかったのかが、ぱっと見てわかります。しかし、これだけを見て一喜一憂しないでください。今の時点では結果は結果として、ただ受け止めるだけに留めておきます。

予定だけでなく、結果も書く

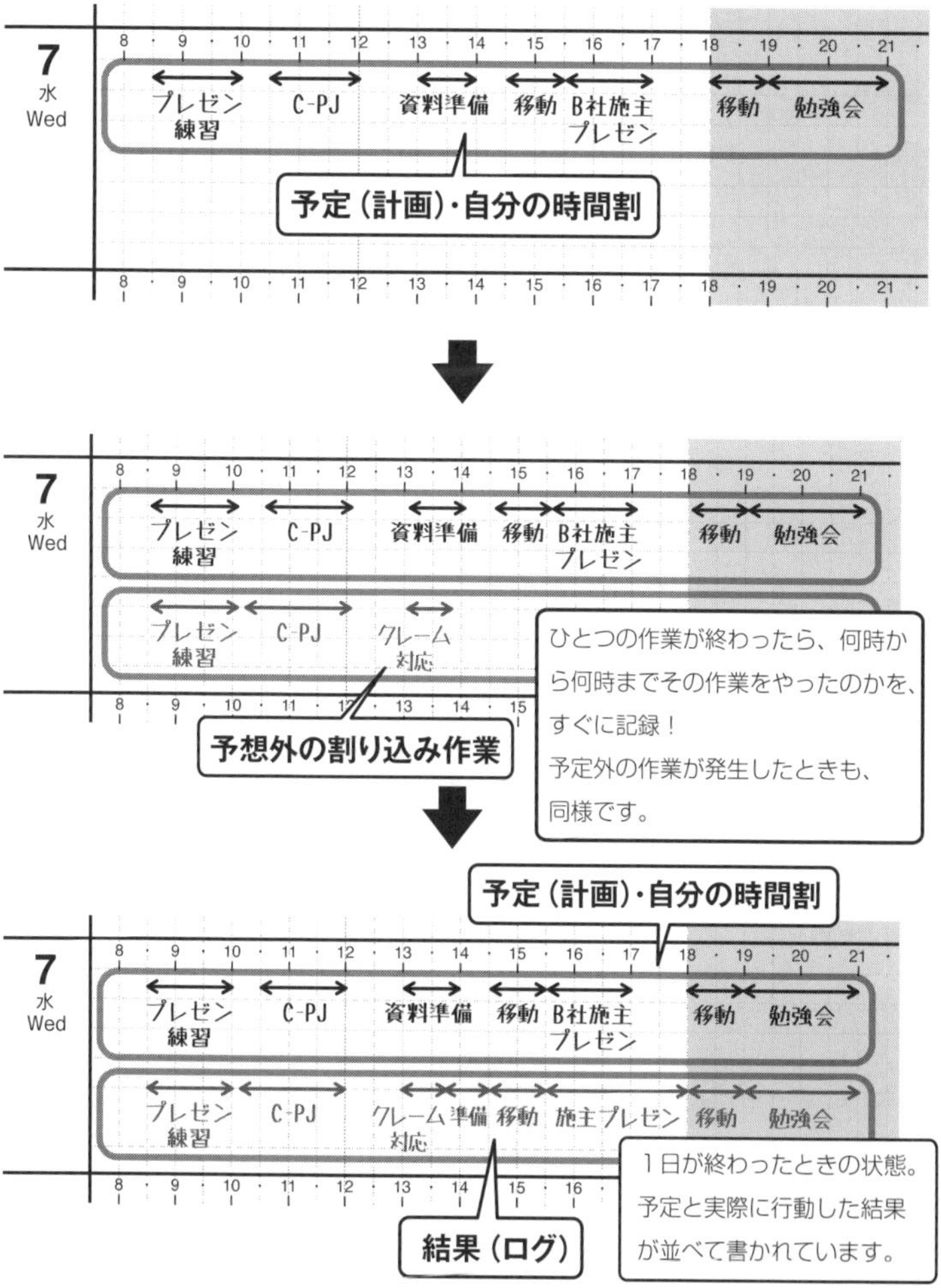

02 行動結果をチェックする

改善するには、まず現状を把握しなければなりません。そのために予定と結果を並べて書きました。ここからは、具体的なチェックポイントを紹介します。

予定と結果を比べて、すべてピッタリ予定通りに終わりましたか?

予定より時間がかかった作業があったら、なぜ時間がかかったのか、最初に見積もった時間が短すぎたのか、やらなくてもいいことまでやってしまったのか、あるいは、途中で割り込み作業が入ったのか、などを検証します。

予定よりも早く終わったタスクに関しても同様です。なぜ早く終わったのか、余裕をとりすぎたのか、作業内容を過剰に考えすぎていたのか、などを考えてみましょう。

振り返りをしなければ改善することはできません。ここで大事なのは、「できなかった=ダメ」と考えるのではなく、できなかったことは次回できるようになればいい、そのための「**課題」が見つかった**と思って、改善方法を考えてみましょう。

行動結果をチェックする

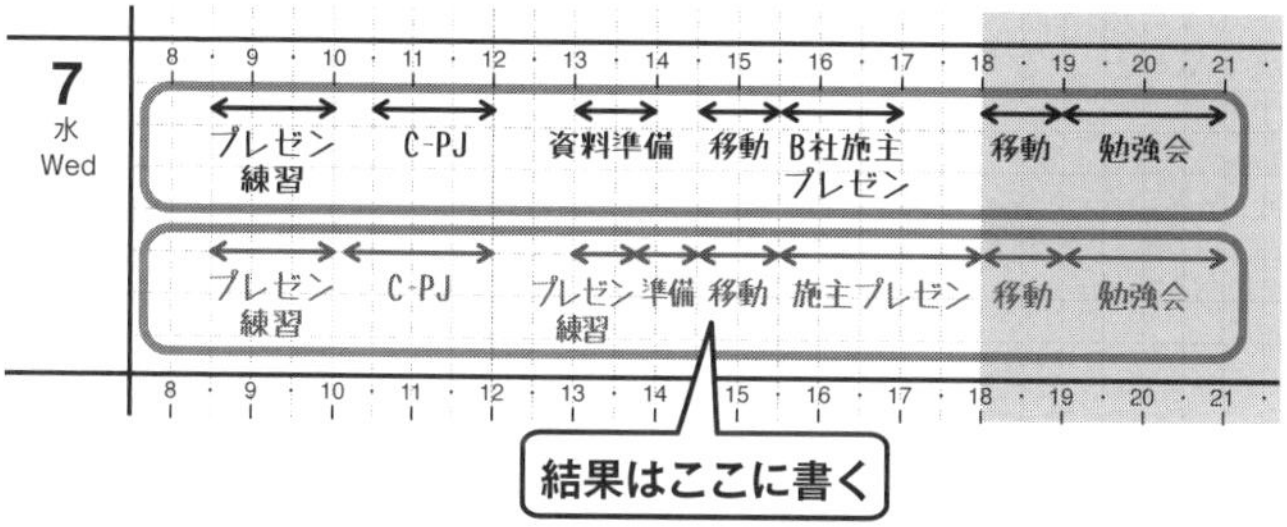

03 自分の時間がどんな内訳か書き出す

では、記録した内容をもう少し詳しく見てみましょう。

『7つの習慣』（スティーブン・R・コヴィー：著　キングベア出版）という本は読んだことがありますか？

その中に**「時間管理のマトリクス」**というのがあります。これは時間の過ごし方を**「緊急度」**と**「重要度」**というふたつの軸によって4つの領域に分けたものです。

第1領域は緊急かつ重要な領域です。すぐに対応しなければならず、なおかつ大切な結果と結びついている「問題」あるいは「危機」と呼ばれるものです。

第2領域は緊急ではないが重要な領域。人間関係作りや長期的な計画、運動など、すぐにやらなければならないわけではないけれど大切な行動です。

第3領域は緊急だけれども重要ではない領域。多くの電話や会議、無意味な接待やつき合いなどがこの領域に入ります。第3領域の活動を第1領域の活動だと錯覚しないように気をつけましょう。

第４領域は緊急でも重要でもない領域。暇つぶしやダラダラ電話・ゲーム・ネットサーフィンなど、まったく成果につながらない行動です。ただの待ち時間もこの領域に入ります。

『７つの習慣』は世界的ベストセラーであり、非常にいい本です。読んだことがない人は一読されることをオススメします。

本題に戻りましょう。

今日１日を振り返って、自分がやったことが、**どの領域に入るのか、それぞれの領域の活動を何時間やったのか**を確認します。どこを増やしてどこを減らすべきかは言うまでもありませんね。

それぞれの領域に使う時間の比率は、何も意識をしていないと、第１領域は60％以上、第２領域は５％以下、第３領域は20％以上、第４領域は15％以上という感じではないかと思っています。

これを、第１領域は50％以下、第２領域は30％以上、第３、第４領域は、それぞれ

10％以下にすることを目標にしましょう。

「緊急でも重要でもない第4領域はゼロにしたい」と思うかもしれませんが、どんなにダイエットをしても、体脂肪率がゼロにならないのと同じように、この領域もゼロにすることはできません。それに、たまの息抜きやリラックスタイムも必要です。メタボにならない程度にとり入れてください。

もし、4つの領域に分けるのが面倒と感じるのなら、その日の行動が成果につながる行動だったのか、それとも成果につながらないただの作業だったのか、このふたつに分けるだけでもかまいません。

初めは時間は集計せず、その行動が、どの領域に入るのかを5分で確認するだけでもかまいませんので、1日の終わり、あるいは翌朝、必ず振り返るようにしてください。

「残業したことで夢や目標に近づいたのだろうか？」

「昨夜の二次会は成果につながる飲み会だったのだろうか？」

「スマホでSNSをする時間は、どの領域に入るのだろうか？」

など考えてみてください。それを続けることで、第3、第4領域の行動が減り、第2領域の活動に入れ替わっていきます。

自分の時間がどんな内訳か知る

	緊急	緊急ではない
重要	第1領域 活動 危機への対応 差し迫った問題 期限のある仕事	第2領域 活動 予防、PCを高める活動 人間関係づくり 新しい機会を見つけること 準備や計画 心身をリラックスさせること
重要ではない	第3領域 活動 飛び込みの用事、多くの電話 多くのメールや報告書 多くの会議 無意味な接待や付き合い 期限のある催し物	第4領域 活動 取るに足らない仕事、雑用 多くのメール 多くの電話 暇つぶし 快楽だけを追求する遊び

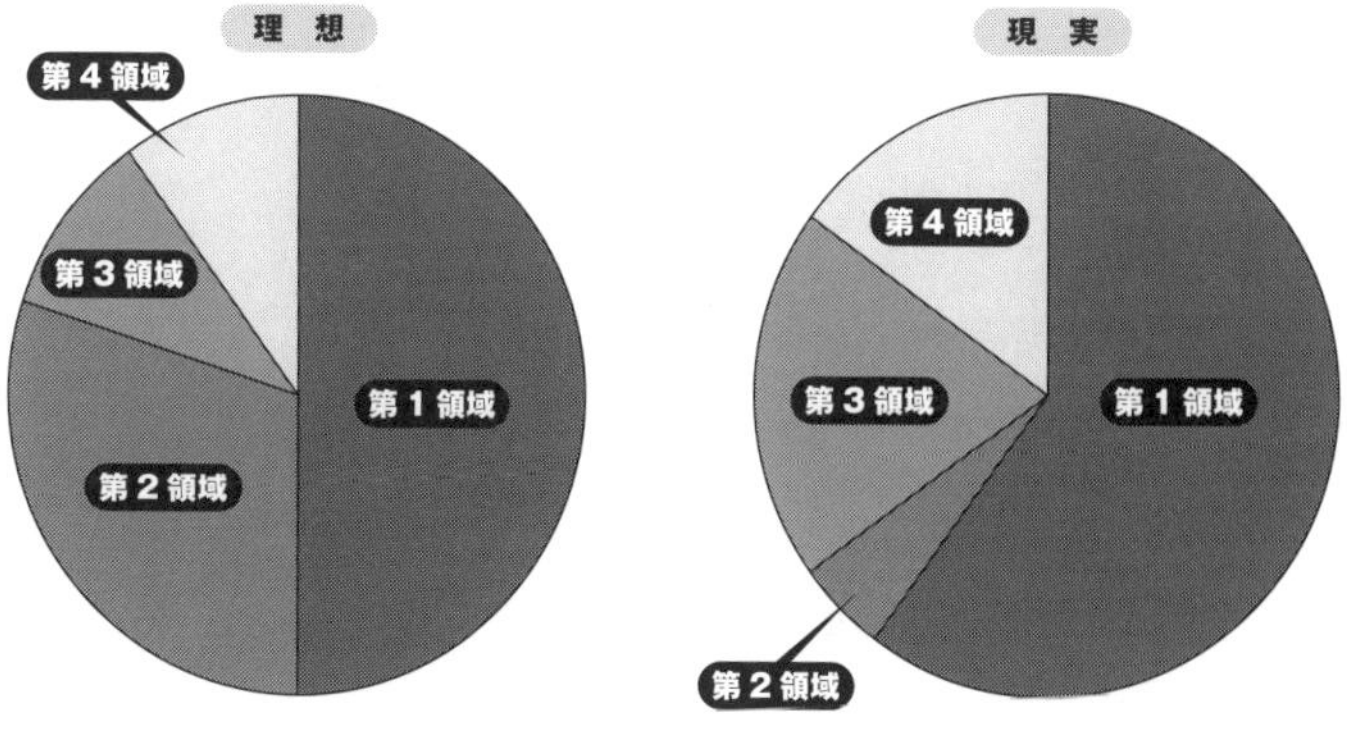

04 仕事がはかどる時間帯を知る

せっかくとった記録です。将来に活かすためにもう少し詳しく見てみましょう。

自分は午前中のほうが仕事がはかどる朝型なのか、夕方や夜になったほうが調子が出る夜型なのか、昼食後は眠くなるのか、午前中に集中して仕事をすると午後は頭が疲れて思考能力が低下して効率が落ちるのかなど、**自分にどんなパターンがあるのか**を見つけてください。

私の場合、午前中に外出すると午後は集中力が落ちてしまったり、昼食後の14時から15時ごろになると眠くなったりすることが多いようです。

これらも、あとで思い出して書こうとしてもなかなか思い出せないので、「なんか疲れて集中力がないな」と思ったり、「眠くなってきたな」と感じたらすぐにメモするようにしてください。

自分のパターンがわかれば、それを活かすことも可能になります。

手帳を見て自分の傾向を知る

05 得意な（疲れていても効率が落ちない）仕事を知る

記録を続けていると、いつもなら眠くなる時間帯や疲れて効率が落ちる時間帯なのに集中力が途切れなかった日が出てきます。たまたまその日だけ調子が落ちなかったのかもしれませんが、もしかすると、その日にやった仕事によるのかもしれません。

そんな効率が落ちない仕事が見つかったら、次からは、パフォーマンスが落ちることが多い時間帯にその仕事を入れてみてください。それでも、やはり効率が落ちないのなら、それは、あなたにとって、**どんなときでも効率よくできる仕事**なのです。

私の場合、CADで図面を描くことや、エクセルで表計算やグラフを作ることが、その仕事に該当します。だから、眠くて作業効率が落ちることがある14時ごろから、その仕事をするように1日の予定を立てます。

そうすることでパフォーマンスが落ちる時間帯がなくなり、1日中、効率よく仕事ができるからです。

得意な仕事を知る

パフォーマンスの落ちない仕事を探す

私の場合は、ＣＡＤで図面を描くことと、
エクセルで表計算やグラフを作ること

その仕事を効率が落ちる時間帯に入れる

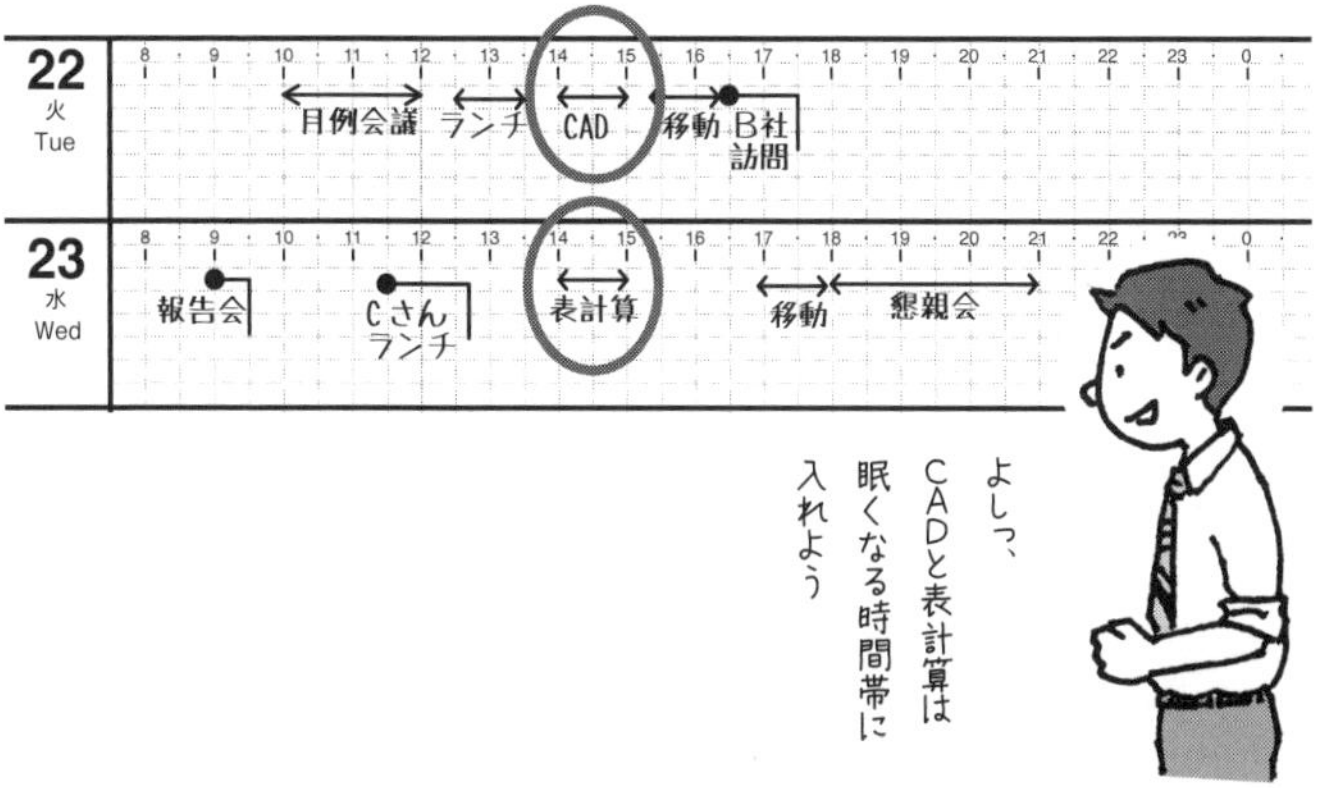

06 好きで得意な仕事は要注意

この仕事なら、いつでもどんな体調のときでも集中できるし、気がついたらかなり長時間やっていた、それでも疲れない、という仕事や作業は見つかりましたか?

前の項で紹介したように私はエクセルやＣＡＤを使う作業がそれにあたりますが、得意な仕事をするときにも気をつけなければならないことがあります。

それは、**やり過ぎないこと**です。好きで得意な仕事だから、「こうしたらどうなるだろう?」といろいろなことをやってしまいがちです。

たっぷり時間をかけてやってしまったあとで、「ここまでやる必要はなかった」とか、「全然やる必要がなかったことじゃないか」と思うこともあります。

このようなムダな仕事をしないためには、好きで得意な仕事をするときは、いつも以上に、何のためにやるのか、どういう結果が欲しいのか、という**目的やゴールを忘れない**ようにすることです。

一方で好きで得意な仕事は要注意

没頭して時間をかけすぎないように…

目的とゴールを見失わない

07 イライラしたこと・感情的になったことを振り返る

その日1日を振り返って、自分の感情が大きく動いたこと、イライラしたことやムカつくことがあったとき、あなたはどうしますか？

話を聞いてくれる人がいれば、その人に愚痴を言えばいいのですが、そんな人がいない場合には、手帳やノートに書き出しましょう。

実は、悩みや愚痴は書き出すことで客観的に見られるようになるので、それだけで消化できることも多いのです。

しかし、それでも解決しない場合、その**きっかけとなった出来事をさらに事実と感情に考えに分けて書き出します。**

たとえば、届いたメールが命令口調だったので、「なんでこんな言い方をするんだ！」とムカッとしたとしましょう。

このとき「○○と書かれていた」というのは事実です。

それに対して「どうしてこんな命令するような書き方をするのだろうとムカついた」というのは自分の考えですよね。「考え」とは「解釈」です。それが正しいかどうかはわかりません。

次に、自分の考え、解釈が正しいのかどうかを考えてみます。

「○○と言われて命令されたように感じてムカついたけど、そう思った自分は正しいのだろうか？」

「もしかすると、いや、おそらく相手は命令するつもりはなかったのだ」と思ったとします。

すると、「どうすればよかったのか」がわかってきます。

この場合なら、「あの人はいつもあんな言い方をするけど、そんなつもりはなさそうだから気にしないようにしよう」とか、「他の人にも同じような文章を書いているのなら、印象がよくないから、タイミングがあったら注意しよう」とか、考えることができます。

これを繰り返すと、感情的になること自体が減るので、安定した気分で過ごせる時間が増えます。

あなたも経験があると思いますが、**イライラした気分のままで仕事をするのはとても非効率**です。その時間が減り冷静でいられる時間が増えますので、仕事もはかどるようになります。

「つい感情的になってしまうことが多い」

「うっかり愚痴を言ってしまう」

このように感じている人は、ぜひやってみてください。いつも平常心で人と接するようになると、周囲の扱いも変わりますよ。

また、時間が経ってから見返すと、ほとんどのことは覚えていないし、

「あのころはこんなことでイライラしていたんだ。今になって思うと大したことなかったな」

と自分の変化を実感することができます。これも記録しているからわかることです。

事実だけでなく、感情面も記録することを習慣にしてください。

感情的になってしまうのを抑える

イライラした気分のままで仕事をするのはとても非効率。
冷静でいられる時間が増えれば、仕事の効率も上がる。

08 明日の課題を書く

ここまで、行動のみでなく感情も含めて、1日の振り返りをしてきました。するると、「もう少しこうすればよかった」と思うことや、逆に、「これは止めておけばよかった」と感じることもあるでしょう。

たとえば、1時間で終わると思ったタスクを処理するのに2時間かかってしまった場合、「なぜ2倍の時間がかかってしまったのか」「最初に見積もった時間が短すぎたのか」「必要な作業が抜けていたのか」「やらなくてもいいことまでやってしまったのか」「途中で割り込み作業が入ったのか」などを検証することは前に書きました。

ここでは、そこからさらに突っ込んで、**そういう事態にならないためにはどうすればいいのか**を書き出します。

・最初に見積もった時間が甘すぎたと思ったのなら

↓所要時間を見積もるときには、作業内容をもう少し、よく考える

・必要な資料がなくて、探し物をするのに時間がかかってしまったのなら

↓必要な資料を準備してから作業にとりかかる

・やらなくてもいいことまでやってしまったのなら

↓最終成果物（ゴール）をイメージする

・割り込み作業が入ったのなら

↓割り込み作業を想定してバッファを長めにとる

こんなふうでもかまいません。

そして、想定より時間がかかったときだけでなく、早く終わり過ぎたとき、たとえば、２時間かかると思った作業が30分で終わったときも、予想と実際にズレが生じた

という意味では同じですから、同様に課題を設定します。

また、ここでは時間に関することを例に挙げましたが、感情面も同様です。誰かの一言にカチンときて反応してしまったのなら、「すぐに反応せず、深呼吸してから言う」などを翌日の課題に設定します。

そして、これらは頭の中で考えて終わりにするのではなく、**翌日の課題として手帳に書き残しておきます。**

毎日これを繰り返すことで、昨日できなかったことが今日、今日できなかったことが明日できるようになるのです。

明日の課題を書く

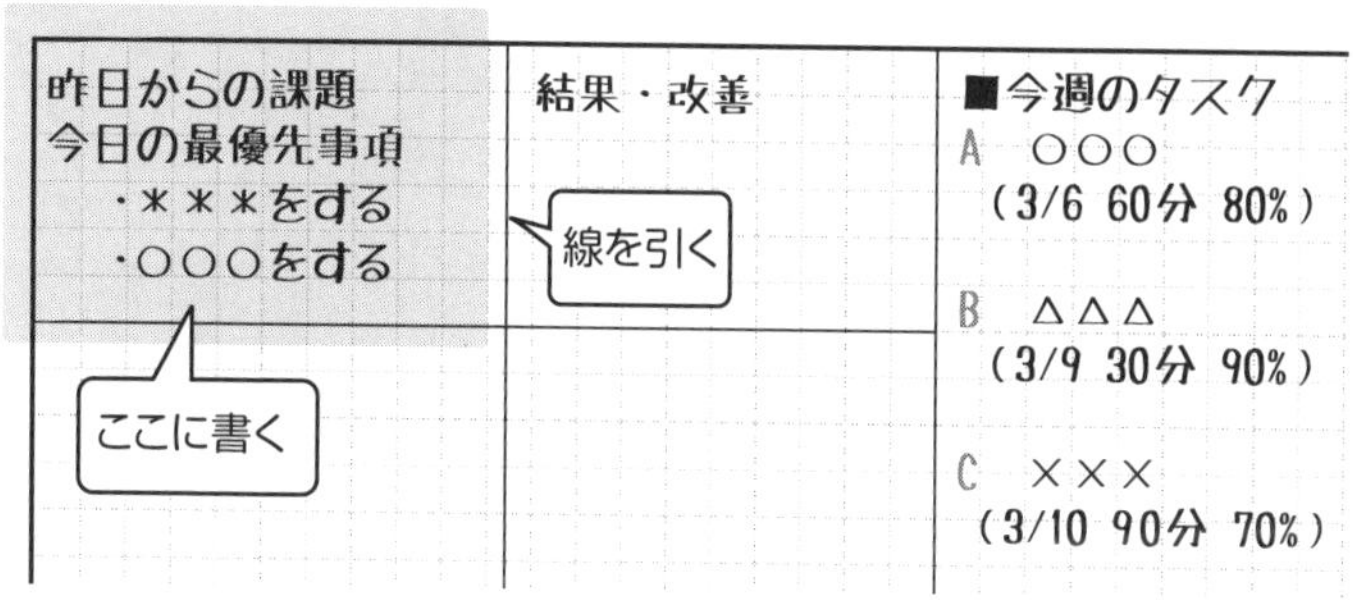

メモスペースが広い週間レフトタイプは、
メモページをふたつに分け、
左側に昨日からの課題と今日の最優先事項を書く

週間バーチカルタイプは、
メモスペースが少ないため、
スケジュール欄の
上下余白など、
どこでも使って
今日の課題と結果を書く。
余白が縦長の場合、
横向きに書いてもいい。

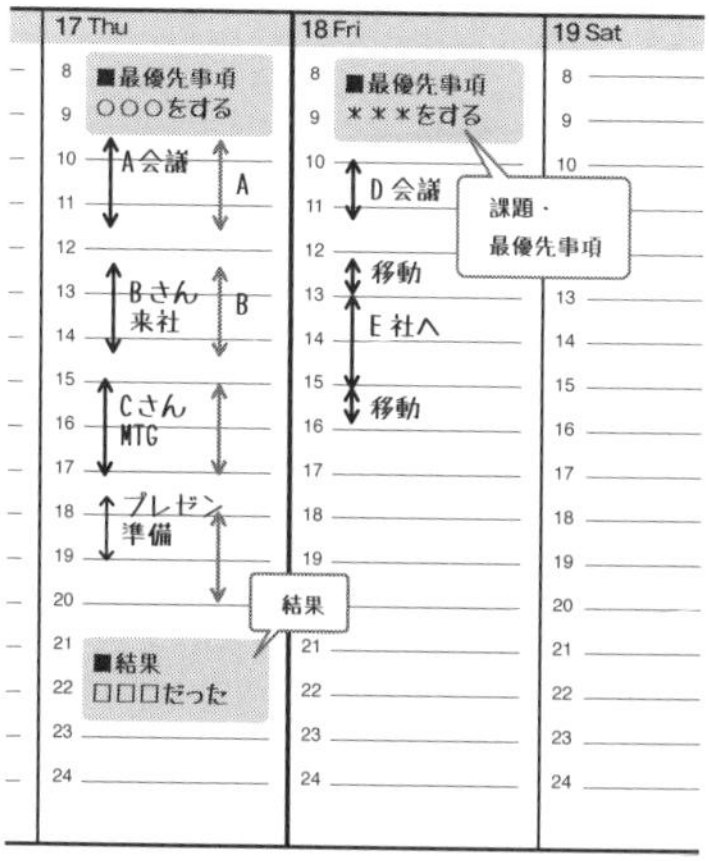

09 今日の課題ができたかどうか振り返る

前日も振り返りをして、翌日の課題を書いたのであれば、その結果を書きます。「今日はできた、これから先もできるだろう」ということであれば、この課題は完結したと思っていいでしょう。

しかし、課題として設定したけれど、ほとんどできなかったことも出てきます。それが翌日の課題としても設定できる内容であれば、ふたたび課題に設定しましょう。

また、数日間続けて同じ課題を設定したけど、一向にできるようにならないことが出てくるかもしれません。

そのときは、そのまま課題として設定するのではなく、少し時間をとって「なぜできないのか、どうすればできるのか?」を書き出してみてください。

そうやって何度やってもできなかった課題も、もう少し簡単な課題に分解し、それを新たな課題とすることで達成しやすくなります。

今日の課題ができたか振り返る

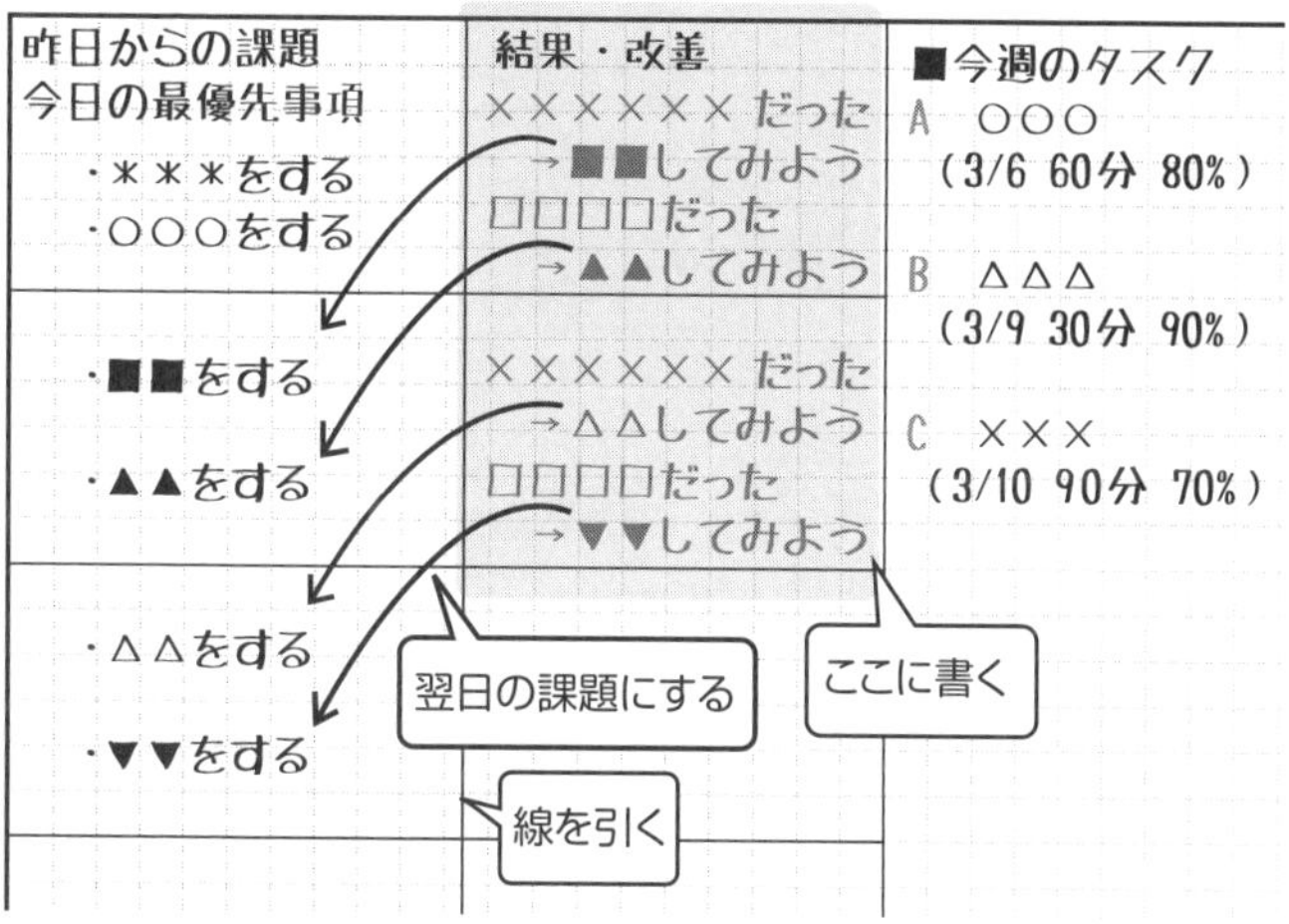

メモスペースが広い週間レフトタイプは、
メモページをふたつに分け、
右側に今日の結果を書く

今日できなかったことが
明日できるようになる！
何日かけてもできるようにならないときは
少し簡単な課題に分解しよう！

10 今日1日に点数をつける

振り返りの最後に、その日1日に5点満点で点数をつけます。まあまあ普通の日だったら3点、少しうまくいったら4点、理想通りに過ごせたら5点にします。逆に、あまりうまくいかなかったら2点、全然ダメだったら1点をつけます。

甘すぎても辛すぎてもいけませんので、1点や5点は週に1回、多くても2回までになるように調整します。

また、点数が高かった、あるいは低かった日は、後日見返したときに、なぜその点数をつけたのかがわかるように理由も書いておくと、なおいいです。すると、**点数が低い原因となった行為は自然と避ける**ようになり、平均点が上がるようになります。

ちなみに、私は1日総合での点数の他に、仕事・プライベート・感情の3項目それぞれに点数をつけ、代表的な出来事まで書いています。もちろん1日の総合評価だけでいいですが、慣れてきたら複数の項目に点数をつけるのもいいでしょう。

今日1日の点数をつける

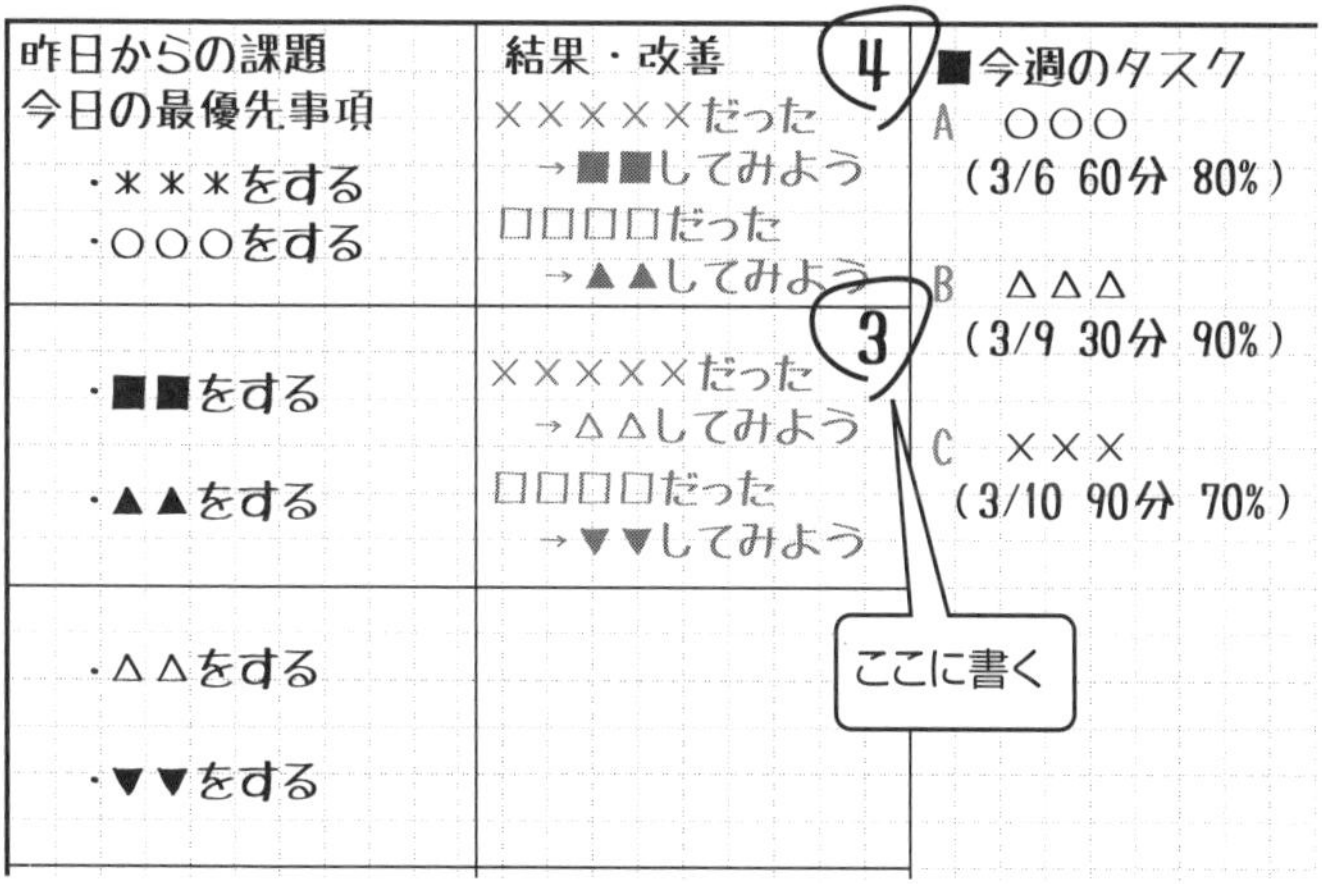

先ほど記入した結果の横で問題ない。

2017年11月　振り返りシート

日	曜	退社時刻	成果				気分	総合	備考
			仕事		プライベート				
1	水	18:15	8:30	4	8:30	4	4	4	
2	木	19:00	8:00	4	8:00	4	2	4	Cさんの発言にむかついた
3	金	18:25	8:15	4	8:15	4	4	4	
4	土				9:00	5	5	5	
5	日				7:45	2	3	3	夫婦ゲンカ
6	月	18:00	8:20	3	8:20	3	3	3	現場からの直帰

私は月の振り返りシートを自作して、ノートページに貼り、記入している。

11 毎日・毎週・毎月読み返す

手帳は一度書いたら終わりではありません。毎日、読み返して振り返ることは先ほど書きましたが、その後も毎週、毎月、時間を決めて読み返します。

毎日の振り返りでは、できたことやできなかったこと、なぜできなかったのか、どうすればできるのかなどを書き出しました。

週の振り返りでは、もう一度、手帳やノート全体を読み返して、感情が動いたことを改めて振り返ったり、1週間分の課題と結果を読み返して来週の課題や目標を設定したり、**来週を今週、来月を今月よりもよくするために使います。**

私が書き出している項目は、週と月で同じですが、具体的に紹介します。

まず振り返りとして、

① 今週の大きな出来事　TOP5

②今週学んだこと
③今週やったことで誇れること
④今週やったことで、いちばん楽しかったこと
⑤今週やったことで特筆すべきこと、未来を楽にする仕事は何か？

この5項目を書き出します。

さらに翌週に向けて、

⑥先週からの課題
⑦増やしたいこと
⑧減らしたいこと
⑨何をするともっと楽しくなるか？
⑩どうすればそれができるか？

この5項目も書いています。

毎週・毎月に加えて、年末にはたっぷり半日くらい時間をとって1年間を振り返ります。

すると、そのときには気づかなかったこと、

たとえば、

「このとき、こんなことが起こったけど、実は○週間前に起きた〝これ〟が原因だったんだ」

など、起きた事象のきっかけに気づくこともあり、面白いですよ。

そんなことができるのも、しっかり記録しているからです。

最初のうちは、そんな面倒くさいことはやりたくない、と思うかもしれませんが、毎日5分、1週間の振り返りも5分でいいので時間を作ってやってみてください。必ず結果につながります。

毎日・毎週・毎月振り返る

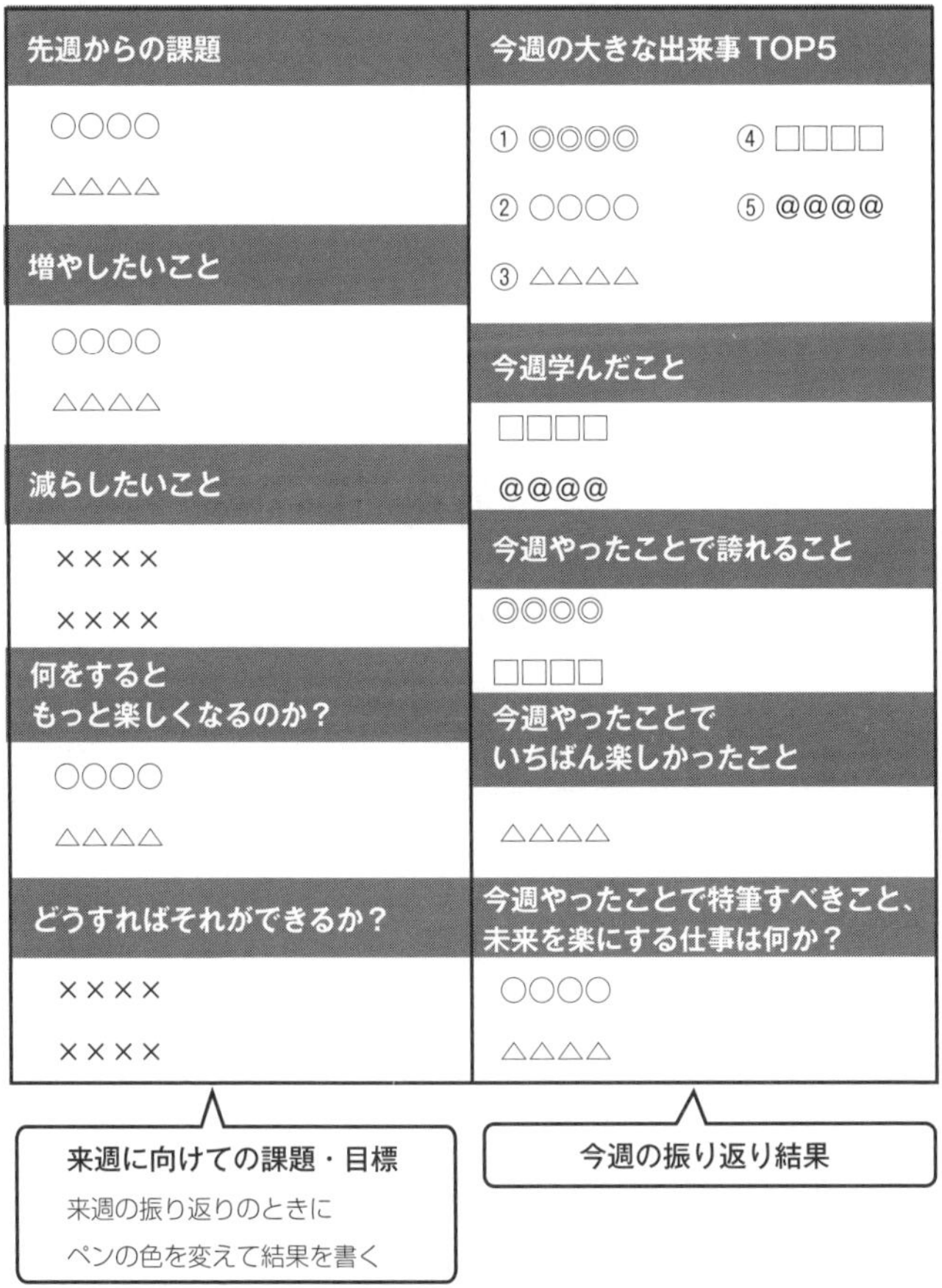
先週からの課題
○○○○
△△△△
増やしたいこと
○○○○
△△△△
減らしたいこと
××××
××××
何をすると
もっと楽しくなるのか？
○○○○
△△△△
どうすればそれができるか？
××××
××××
今週の大きな出来事 TOP5
① ◎◎◎◎
② ○○○○
③ △△△△
④ □□□□
⑤ @@@@
今週学んだこと
□□□□
@@@@
今週やったことで誇れること
◎◎◎◎
□□□□
今週やったことで
いちばん楽しかったこと
△△△△
今週やったことで特筆すべきこと、
未来を楽にする仕事は何か？
○○○○
△△△△
来週に向けての課題・目標
来週の振り返りのときに
ペンの色を変えて結果を書く
今週の振り返り結果

12 振り返る項目は定期的に見直す

ここでもう1つお伝えしておきたいことがあります。それは、一度、振り返る項目を決めたら、ずっとそれをやり続ければいいというわけではないということです。

振り返る内容自体も、「それが効果があるのか、ないのか」を見極めて、効果がないと判断したらやめます。「もっといい方法があるんじゃないか、こっちのほうが効果があるんじゃないか」ということが出てきたら、そっちの方を試してみます。そうやって**振り返る内容に対してもPDCAを回す**のです。

効果があるのかないのかがわからないときは、82ページの「不要なのにやめられないタスクのやめ方」で紹介したのと同じように、**一時停止して確認**しましょう。

止めても何も変わらなかったら、それはやる必要がなかったということです。逆に、止めて調子が悪くなったら、それは必要なことだったので、再開させましょう。

振り返る項目も見直す

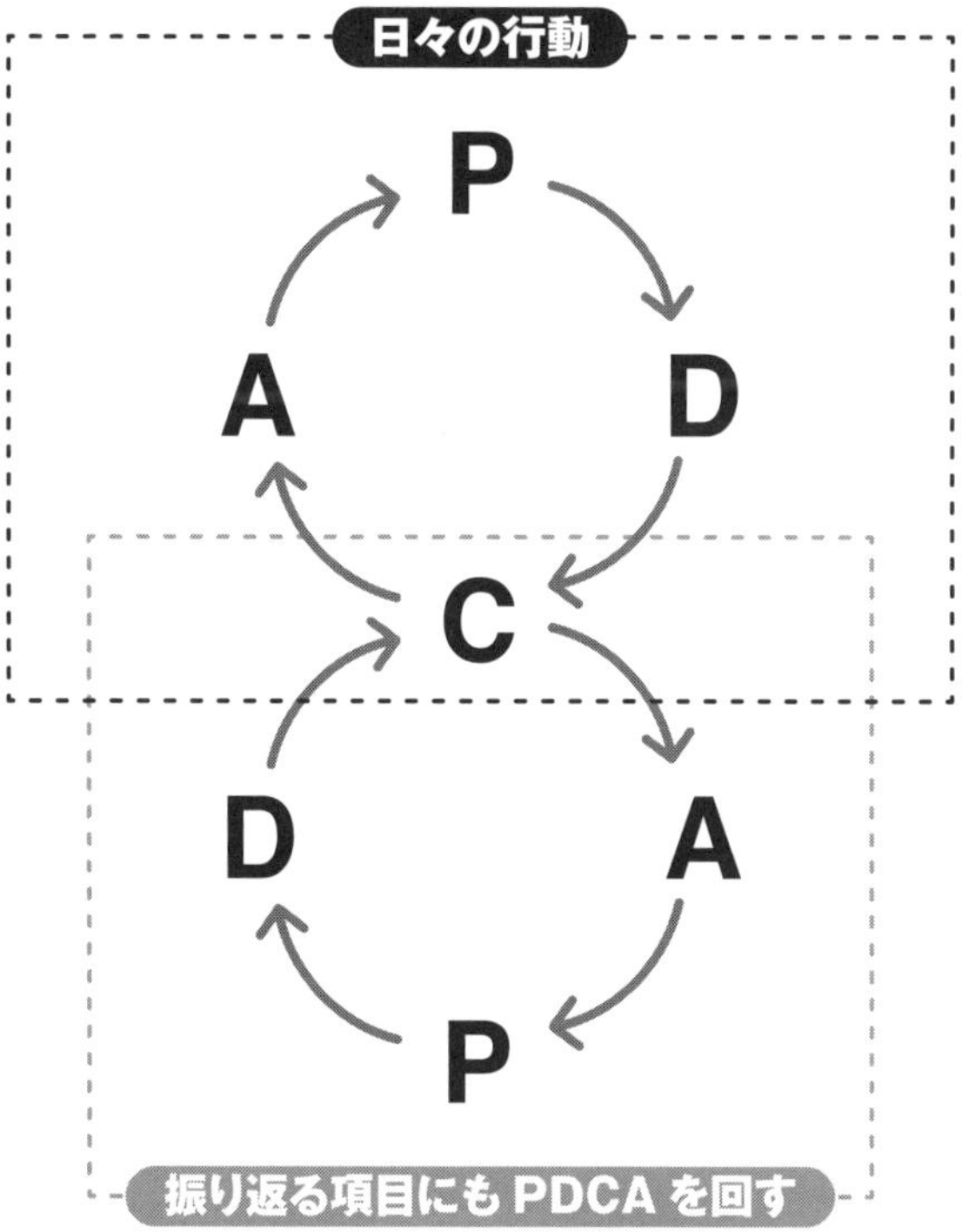

日々の行動にPDCAを回すだけでなく、
振り返る内容もPDCAを回して定期的に見直す

13 何のためにライフログをとるのか？

毎日、自分の行動を記録したり、それを見返して改善方法を考えるなんて面倒くさい、そう思うかもしれませんね。何のために、そんな面倒なことをするのか？

それは、記録することで、これまでなんとなくやってしまっていた**成果につながらない行動や習慣を明らかにして、成果につながる習慣に入れ替えていくため**です。

さらには、仕事がはかどる時間帯や場所、どんな状況でも集中力が落ちない仕事を知る、つまり、自分のパターンを理解することで、**いつでも最高のパフォーマンスが発揮できるようになる**ためです。

自分のパターンを知れば、常にハイパフォーマンスで行動できるように組み立てられるようになります。つまり、**未来が設計しやすくなる**のです。

あなたも自分のことをよく知って、活かせるようになって、**欲しい未来を手に入れてください。**

欲しい未来を手に入れるために

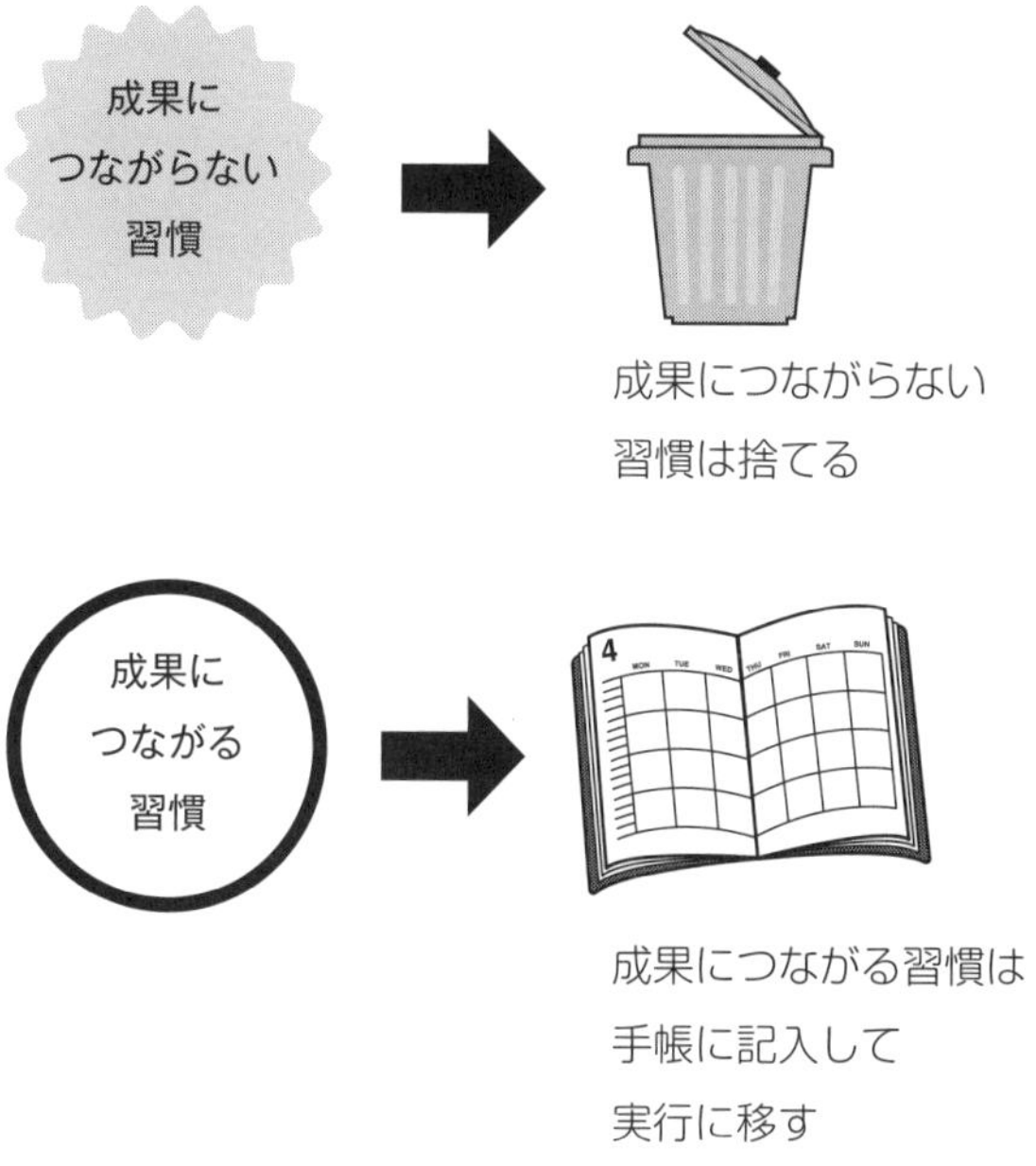

おわりに

●知っているだけのことに意味はない

ここまで本書をお読みいただきありがとうございます。

この本で紹介した方法は、私がいろいろな本を読んだり、人から聞いたりしたことを自分なりにアレンジしながらとり入れた方法です。したがって、この本に書かれたことは、どこかで読んだり聞いたことがあることばかり、知っていることばかりだった、と感じた人もいらっしゃるでしょう。

でも、いろんなところで紹介されているということは、それが大事なことだからです。

ときどき、本を読んでも「知ってることばかりでつまらなかった」というレビューや感想を見ることがありますが、本を読めば読むほど知識は増え、知らないことは減ってきます。それでもまだ知らないことを探し続けると、かなりマニアックな分野、ニッチな世界に入っていくしかなくなってしまいます。

もしあなたが、「知らないことをなくしたい」「どんなにマニアックな分野、ニッチな世界のこともすべて知識として身につけたい」と思っているのなら、その手の本をどんどん読んでください。

でも、あなたは違いますよね？

知識としての仕事が速くなる方法を知りたいだけではありませんよね？

実際に仕事が速くなりたいんですよね？

ならば、「知ってるし、効果がありそうだ」と思っているのにできていないことは、できるようになってください。

本を読むときは「知ってるか、知らないか」ではなく「やっているか、やっていないか」、「できているか、できていないか」を基準にしてください。

いろんなことを知っているだけでは「雑学博士」。クイズ番組に出たときは役に立つかもしれませんが、日常生活では役に立ちません。あなたには、ぜひ行動できる人、「実践者」になってもらいたいのです。

とはいっても、本書を読み終えた方の中には、「こんなにたくさんのことを一度にできないよ」と思った方もいらっしゃることでしょう。

この本に書いたことは、私が5年以上かけて少しずつ追加してきたことですから、それをすべて一度にやろうとすること自体が無茶なことかもしれません。

一気にやろうとして、やっぱり無理、とすべてを投げ出してしまうのではなく、ひとつでもふたつでも、これならできそう、効果がありそうだからやってみよう、と思うことから始めてみてください。

そして、それだけでは物足りなくなってきたら、次にやることを追加する、そんな気持ちで本書を活用してもらえるとうれしいです。

●他人に自分と同じことを求めない

この本では私が実際にやって効果があったさまざまな方法をご紹介してきました。これらは私だからできたわけでも、私にしか効果がないわけでもありません。誰でもできますし、誰がやっても効果があると確信していることばかりです。

あなたは今、この本を読んで仕事が速くなる、効率化するいろいろな方法を知りました。

でも、知らない人もまだまだたくさんいます。というよりも、知らない人のほうが圧倒的に多いです。

自分ができるようになったからといって、他人に同じことを求めないことも大事なことです。

ビジネスに限らず日常生活はみな、相手がいて成り立っています。

仕事の効率化は自分がやりたくて勝手にやっているだけなんだ、という気持ちを忘れず、やり方を知らない人も大切に扱ってください。

そして、もしその人が、「仕事効率化の方法を知りたい」というのなら、どんどん教えてくださいね。

●私の夢

この本を終えるにあたって、私の夢を書かせてください。

全然手帳が使えていなかった頃の私は、毎日残業ばかりでイライラして、そのストレスをまわりの人にぶつけていました。その結果、誰も寄ってこなくなり鬱になった、ということはこの本の最初に書いたとおりです。

そのときに行った医者の診断では、私の症状は極軽度ということでしたが、通勤電車で本を読んでいても、職場でパソコンの画面を見ていても、突然、わけもなく涙が出てくるのです。

胸が苦しい、息苦しいから、深呼吸をしているつもりだったのですが、まわりの人には、それが溜息をついているように見えたらしく「いつも溜息ついてますね」と言われたこともあります。

そのころは精神的にもかなり辛かったし、「何でオレだけこんな目に合わなきゃいけなんだ！」と思っていました。

けれども、手帳を使った時間管理・タスク管理ができるようになると、効率よく仕事ができるようになり、徐々に残業時間も減って、精神的にも安定するようになりました。残業時間は減ったけれども、仕事の成果は減るどころか増えました。

イライラすることも、人に当たることもなくなったので、職場でも家庭でも人間関係がよくなり、毎日、楽しく過ごせるようになりました。

こんな経験をしてきた私の夢は「子供が憧れるカッコイイ大人があふれる社会を作ること」です。

今は仕事に追われて、時間がなくて、イライラしてばかりで、いつも疲れていて、全然カッコよくなくても、手帳が上手に使えるようになって、仕事が効率化できれば、時間にも気持ちにも余裕ができ、毎日を楽しく活き活きと過ごせるようになります。

この本を読んだ人にはみな、そんなカッコイイ大人に少しでも近づいて欲しい。

私が変われたのだから、上手なやり方さえ覚えれば誰だって変われる。

この本はそんな気持ちで書きました。

私ひとりの力でできることは極々限られています。だから、この本を読んでくれたみなさんといっしょに1人でも多くの「子供が憧れるカッコイイ大人」を増やせたらいいなあ、そのために、この本が役に立ってくれたらいいなあ、と思っています。

私もまだまだ胸を張って「オレ、カッコイイでしょ」と言えるレベルには達していませんが、これからもみなさんといっしょに精進していきたいと思っています。

ここまで、他の本や雑誌を読んで不満だったこと、「なぜ、何のために書くのか」、「書くとどんな効果があるのか」まで書いてきたつもりですが、いかがでしたか?

もし、この本を読んでもわからないことや、もっと聞きたい、知りたいことがあるのなら、東京近郊限定ですが勉強会も開催しています。

また、メールでもお答えしますので、t.kazu0408@gmail.com まで、お気軽にご連絡ください。

最後に、私の大切な家族へ。

家のことをほったらかしにして原稿を書いていた私に、文句を言うどころか、毎晩のようにお茶をいれてくれた妻、父の日のプレゼントに名前入りのペンを贈ってくれた長女、少し離れたところでニコニコしながら夫婦の会話を盗み聞きしていた次女、みんながいてくれたからここまで来れました。ありがとう。

もっともっとカッコイイ夫、カッコイイパパになるから、これからもよろしく！

谷口　和信

２０１７年10月

■著者略歴
谷口　和信（たにぐち　かずのぶ）

1966年生まれ。

1992年、大学院修士課程修了後、大手建設会社設計部入社。

1996年から2年間、英国の現地法人に出向。

入社以来、オフィスビルや超高層マンション、大型ショッピングモールなどの設計業務に携わっている。


2005年、月間の残業時間が80時間を超えるのは当たり前の業界において、自身も月間残業100時間超の長時間労働が続いたストレスが主要因となり軽度の鬱を発症。

しかし、手帳を活用した時間管理・タスク管理技術を習得し仕事を効率化することで鬱を克服。現在では月間残業20時間程度。ほとんどの日で18時には退社している。

長時間労働が解消されたことでストレスがなくなり、家庭や職場での人間関係が改善。過去に仕事をしたことがある社内外の人から相談を受けるなど信頼も厚く、以前以上の成果を上げ続けている。


2011年以降、手帳の使い方が日経ビジネスアソシエ（日経BP社）やDIME（小学館）などの手帳特集に取り上げられ、2017年には高橋書店主催の第21回手帳大賞商品企画部門において、1000通を超える応募の中から唯一の入賞を果たし優秀賞を受賞。

現在、PDCA手帳術を始めとした仕事効率化や生産性向上を図る手法を通して、人生の質を向上させる方法を伝えるためのセミナーや勉強会を主催するなど積極的に活動している。

［ブログ］『仕事効率化研究室』
http://kazu-eng.hateblo.jp/

本書の内容に関するお問い合わせ
明日香出版社　編集部
☎(03) 5395-7651

仕事《しごと》が速《はや》くなる！　PDCA手帳術《てちょうじゅつ》

2017年　11月　25日　初版発行
2017年　12月　13日　第15刷発行

著　者　谷《たに》口《ぐち》和《かず》信《のぶ》
発行者　石野栄一

明日香出版社
〒112-0005 東京都文京区水道2-11-5
電話 (03) 5395-7650（代表）
(03) 5395-7654（FAX）
郵便振替 00150-6-183481
http://www.asuka-g.co.jp

■スタッフ■　編集　小林勝／久松圭祐／古川創一／藤田知子／田中裕也／生内志穂
営業　渡辺久夫／浜田充弘／奥本達哉／平戸基之／野口優／横尾一樹／関山美保子／藤本さやか　財務　早川朋子

印刷　株式会社文昇堂
製本　根本製本株式会社
ISBN 978-4-7569-1936-6 C0036

編集担当　古川創一

営業の一流、二流、三流

伊庭　正康

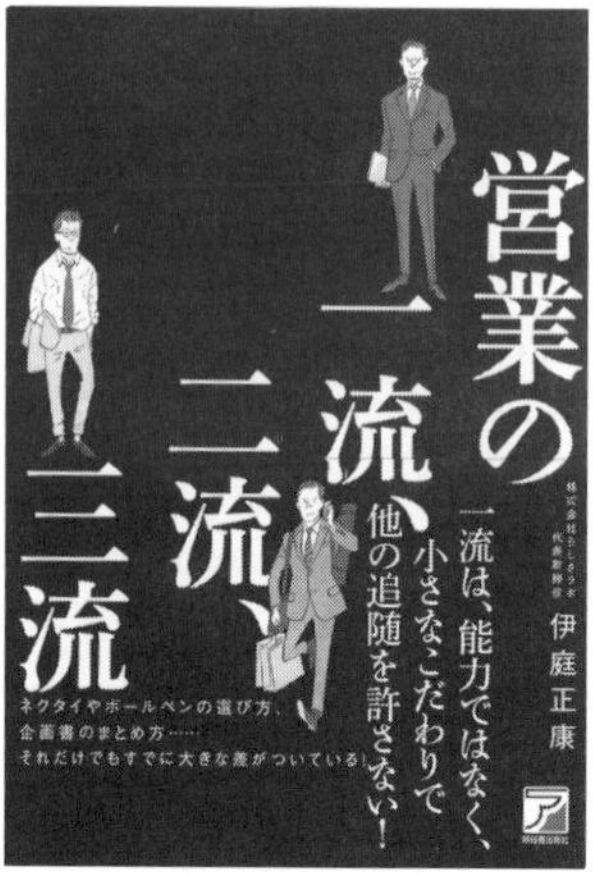

営業マンの成績を決めるのは、実は能力の問題よりも、ほんのちょっとしたことに気づいているかどうかである。
営業の心構え、商談、お客様との信頼作り、マインドセットを一流から三流までのやり方をあげて、一流がどんなところに重点を置いているのかを紹介していく。

本体価格 1400 円＋税　B 6 並製　216 ページ
ISBN978-4-7569-1803-1　2015/11 発行

仕事の一流、二流、三流

俣野　成敏／金田　博之

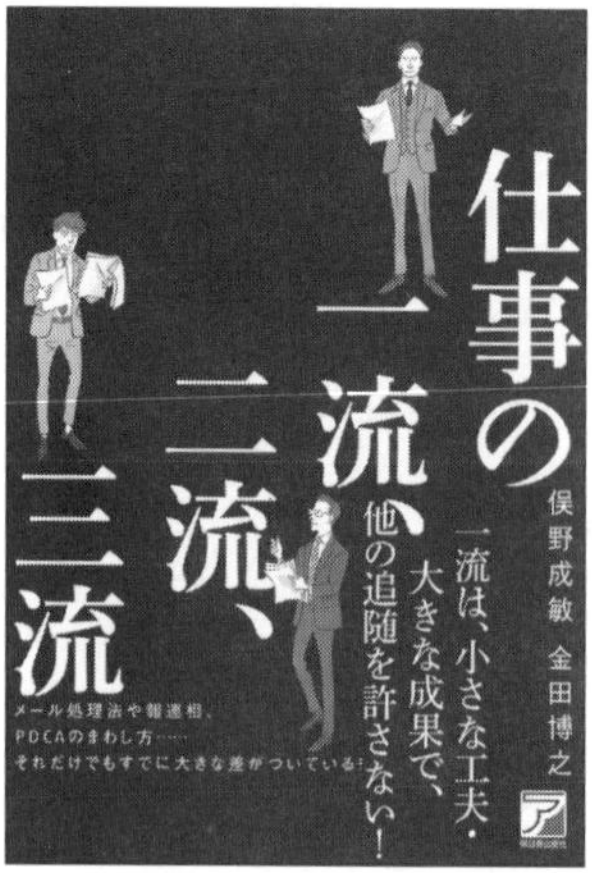

一流社員の仕事へのこだわり、考え方、そして進め方に触れることで、一流の仕事人になれる！　ビジネススキル、コミュニケーション、計画・実行、効率化など、実は一流と言われている人は小さなこだわりで他の追随を許さない。著者２人の体験談をはさみながら、三段論法で紹介していく。

本体価格 1400 円＋税　B 6 並製　208 ページ
ISBN978-4-7569-1841-3　2016/06 発行

リーダーの一流、二流、三流

吉田　幸弘

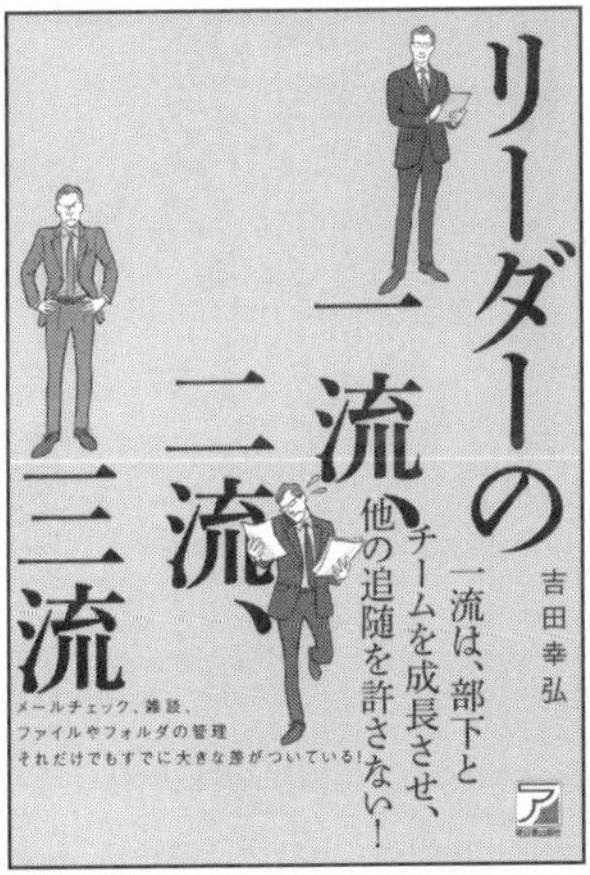

一流リーダーを目指すためにはどうすればいいのかを説いた本です。
仕事術、時間術、コミュニケーション、心得など、リーダーが押さえておかなければならないスキルと考え方を一流、二流、三流という３段階の視点でまとめました。

本体価格 1500 円＋税　B6 並製　240 ページ
ISBN978-4-7569-1893-2　2017/04 発行

接客の一流、二流、三流

七條　千恵美

日本航空（JAL）で、客室乗務員としてお客様・会社から最高の評価をうけ、さらにサービス教官として 1000 人以上を指導された実績を持つ著者が、一流の接客者になるための考え方や心構え、対応力などを紹介する本です。
論外の三流、熱意はあるけどまだまだな二流を例に挙げ、一流はどういうところに力点を置くのかを紹介していきます。

本体価格 1400 円＋税　B6 並製　224 ページ
ISBN978-4-7569-1864-2　2016/11 発行

やり直し・間違いゼロ
絶対にミスをしない人の仕事のワザ

鈴木　真理子

仕事をしていると、単純ミス、ケアレスミス、人為的ミスなどが多発します。そのため本当は簡単に短時間で終わる作業も、やり直したり、新たに作業が増えたりして全然はかどりません。そうならないようにするための Tips 集です。

本体価格 1400 円＋税　B 6 並製　200 ページ
ISBN978-4-7569-1689-1　2014/4 発行

絶対に残業しない人の時短（しごと）のワザ

伊庭　正康

ムリなくムダなくストレスなく、いわば楽しみながら仕事をすすめる方法を教えます。コミュニケーションの取りかた、メールや文書の作成のしかたなど、少しの工夫で仕事は見違えるように早くなります。そんな Tips を一挙に紹介します。

本体価格 1500 円＋税　B 6 並製　200 ページ
ISBN978-4-7569-1754-6　2015/02 発行

やり抜く伝達力・実績ＵＰ！
仕事の評価がグングン上がる人の報・連・相のワザ

平松　直起

仕事の実力はあるのに。報・連・相で損をしている人が多くいます。
上司・同僚との連携をスムーズにするために、どのように伝え、どう手順を踏めば良いのか教えます。メールや報告書の書き方などを知ることで、話す力・伝達力も上がります。

本体価格 1400 円＋税　B6 並製　200 ページ
ISBN978-4-7569-1775-1　2015/05 発行

不安・苦手ゼロ！
人を使うのが上手な人のリーダー（上司）のワザ

黒川　勇二

はじめて人を指導することになった新任リーダーは、リーダーという役目を果たすために何を身につけていけばいいのでしょうか。
リーダーとしての役割を全うするための 7 つの技法を丁寧に解説しています。

本体価格 1500 円＋税　B6 並製　208 ページ
ISBN978-4-7569-1777-5　2015/06 発行

役員になれる人の「日経新聞」読み方の流儀

田中　慎一

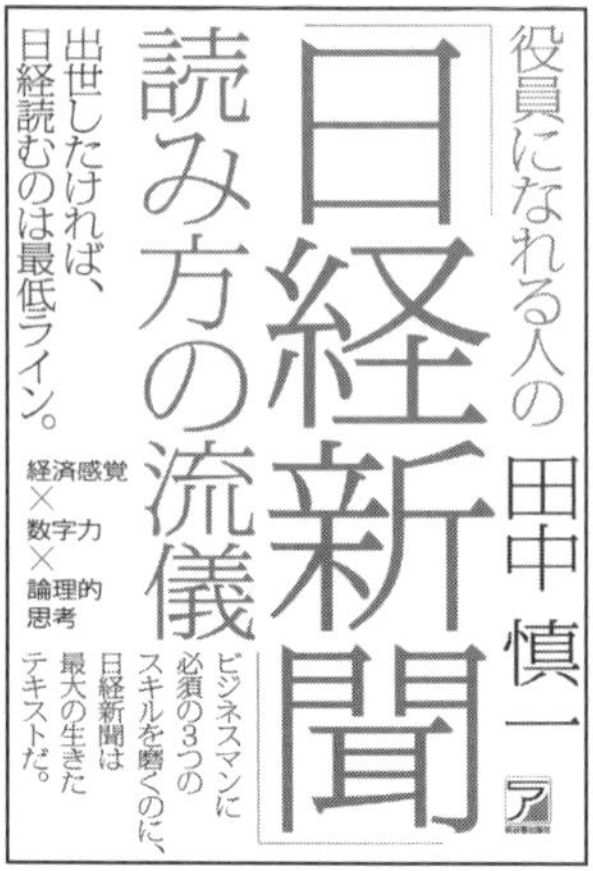

ビジネスパーソンが身につけるべき「経済感覚」「数字力」「論理的思考」。
この３つを磨くのに、日経新聞は最大の生きたテキストになります。
数字をぐっと身近に引き寄せ、思考を整理しつつ読む活用法を紹介します。

本体価格 1500 円＋税　B6 並製　320 ページ
ISBN978-4-7569-1816-1　2016/01 発行

役員になれる人の「読書力」鍛え方の流儀

鉢嶺　登

役員・社長になれる人はどのように知識を蓄え、仕事やマネジメントに活かしていくのか。業界で業績をあげ続ける秘訣は、読書の仕方にあった。ネット広告業界の雄である会社の TOP が教える「上を目指すための読書術」。選書方法、仕事の活かし方、読み方の流儀など、紹介。
著者オススメ本もつける。

本体価格 1500 円＋税　B6 並製　232 ページ
ISBN978-4-7569-1906-9　2017/06 発行

役員になれる人の「数字力」使い方の流儀

田中　慎一

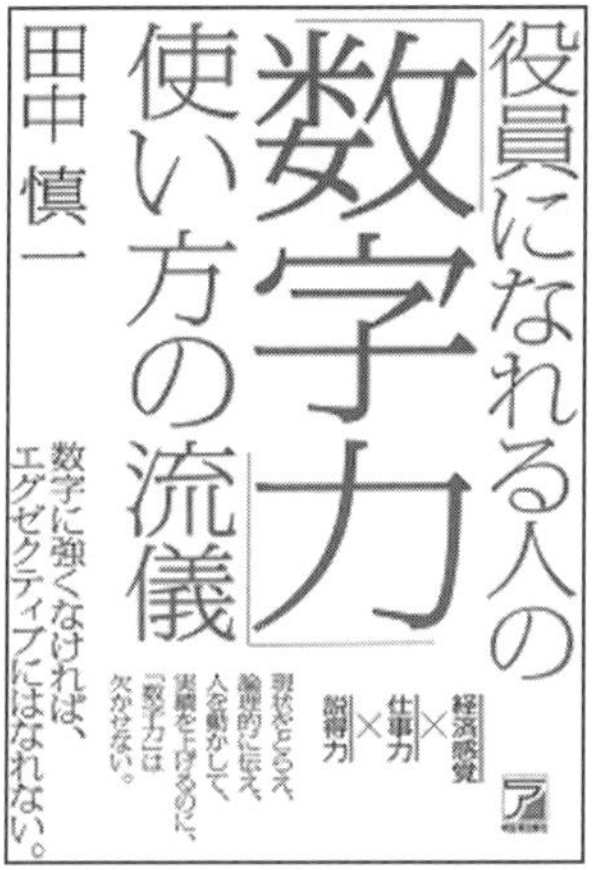

ビジネスマンに必要な「経済・仕事・経営の数字」を正しく把握し、効果的に伝え、人や組織を動かすための本。
数字に対して苦手意識を持っているビジネスパーソンでも、この1冊で数字力が身につき、仕事でつかえるようになります。

本体価格 1400 円＋税　B6 並製　248 ページ
ISBN978-4-7569-1850-5　2016/08 発行

仕事のミスが激減する「手帳」「メモ」「ノート」術

鈴木　真理子

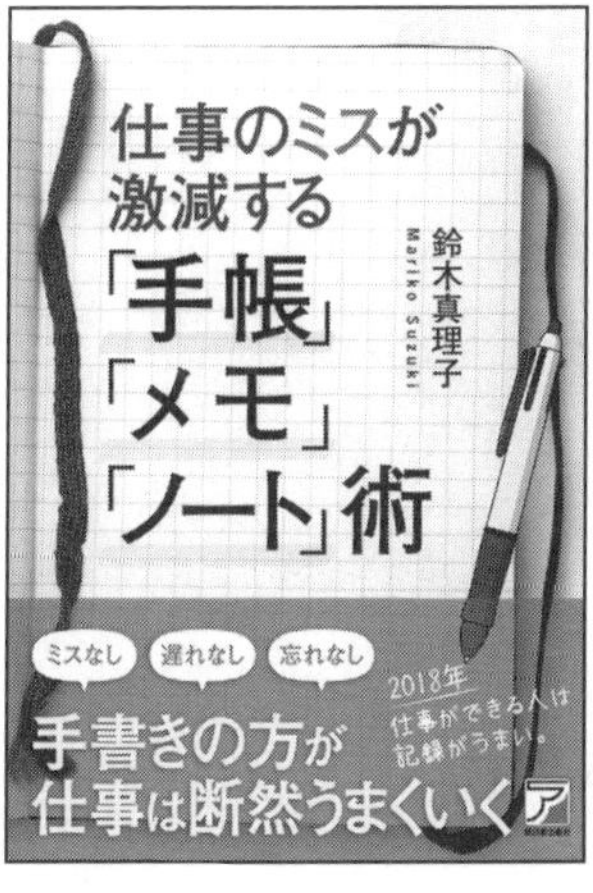

「やることを忘れてしまった」、「期日を忘れてしまった」……。この原因は、メモること自体を怠ったか、メモをしただけで安心をしてしまったかのどちらかです。
本書は、ミスなし、モレなし、遅れなしを実現するための手帳、メモ、ノート、記録術をまとめます。

本体価格 1400 円＋税　B6 並製　200 ページ
ISBN978-4-7569-1865-9　2016/11 発行

「すぐやる人」と「やれない人」の習慣

塚本　亮

「難しく考えてしまい、結局動けない」「Aで行くか、Bで行くか悩んでしまう」など、優柔不断ですぐに行動に移せないことに悩む人は多い。そんな自分を責めて、自分のことが嫌いになる人もいます。そういう想いをとっぱらいいざという時に行動できる自分になるために、心理学的見地と実際に著者が大事にされている習慣をもとに説いていく。

本体価格 1400 円＋税　B6 並製　240 ページ
ISBN978-4-7569-1876-5　2017/01 発行

世界標準の仕事の教科書

福留　浩太郎

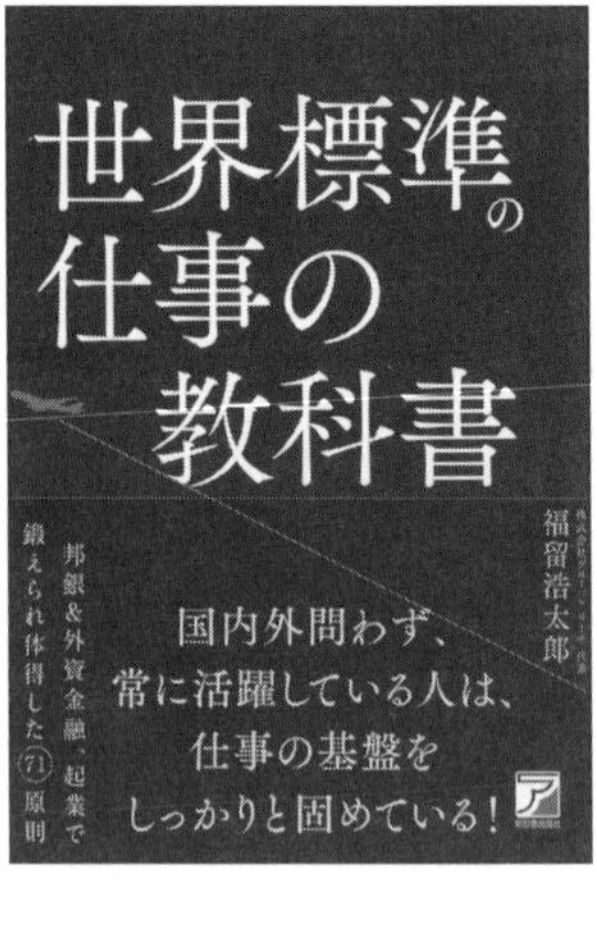

国内国外問わず、大事にされていて、変わることのない、仕事のキホンを紹介する。
『仕事の姿勢』『仕事の考え方』『コミュニケーション』『自己管理』などを中心に、著者が実践している仕事のキホンをベースに解説。

本体価格 1400 円＋税　B6 並製　256 ページ
ISBN978-4-7569-1930-4　2017/10 発行